東北アジア学術読本　9

東北アジアの自然と文化 2

東北大学東北アジア研究センター 編

東北大学出版会

Tohoku-Ajia no Shizen to Bunka 2
[Nature and Culture in the Northeast Asia 2]
Tohoku University Center for Northeast Asian Studies
Tohoku University Press, Sendai
ISBN978-4-86163-373-7

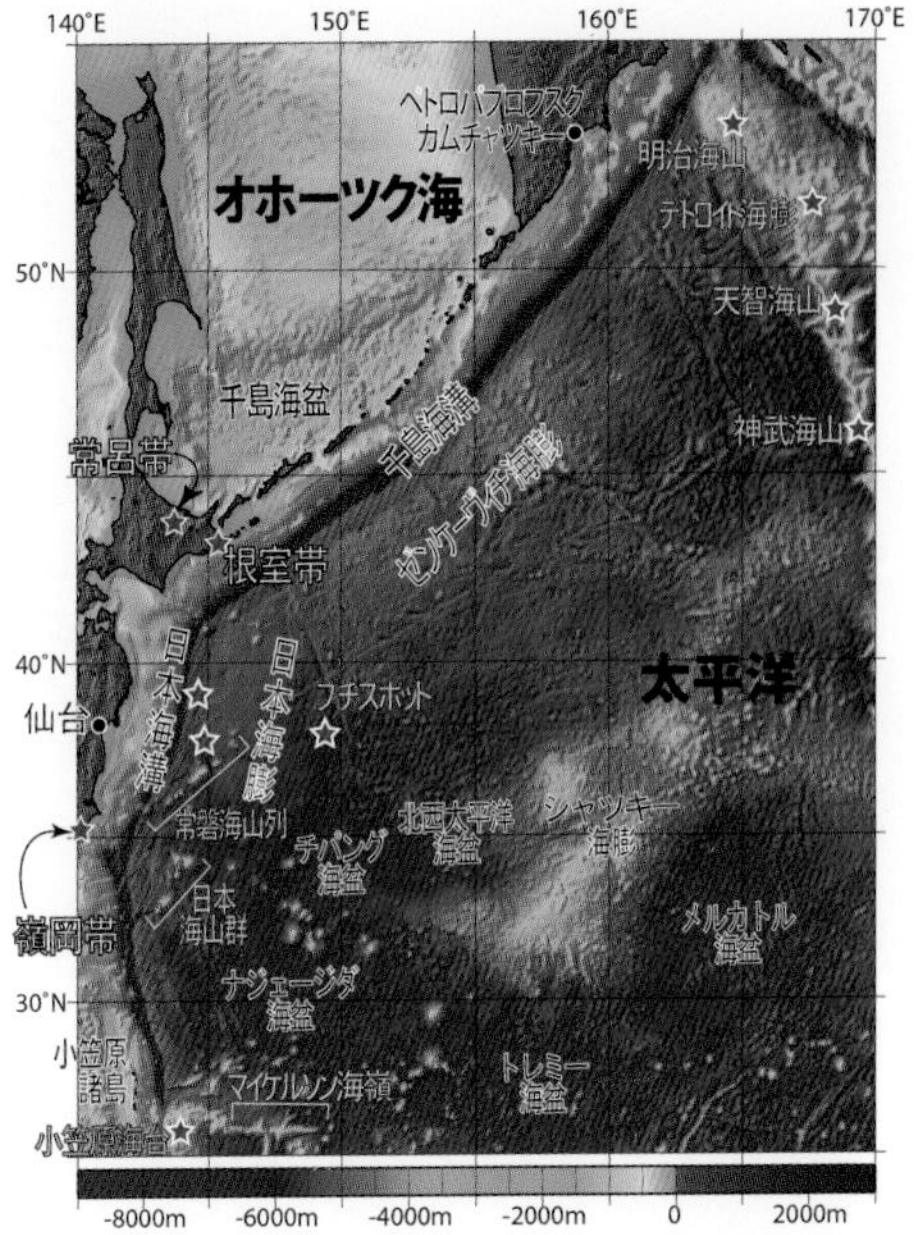

口絵①　東北アジアに沈み込む太平洋プレート 北西部の海底地形

I-5「東北アジアを造り出す太平洋プレート」参照

口絵②　タバントルゴイ炭鉱から中国国境までの道路のトラックの列と汚染

II-4「モンゴルにおける炭鉱の社会に対する否定的影響の低減」参照

口絵③　反プーチン政権のデモ行進（モスクワ 2012 年 9 月 15 日）

Ⅱ-7「リトビネンコ事件とプーチン政権の行方」参照

口絵④　仏塔建立を記念して出張法要を行う様子

（2007 年 4 月、カルムィク共和国ガシュン＝ブルグスタ村）

Ⅲ-7「ロシアのチベット仏教徒」参照

まえがき

佐野　勝宏・後藤　章夫

本書は二〇一八年三月に発行された「東北アジア学術読本　7　『東北アジアの自然と文化』」の続編である。『東北アジアの自然と文化』は東北大学東北アジア研究センター創設二〇周年記念行事の一環として企画され、ともに一九九九年年四月創刊の、東北アジア研究センターが刊行する『東北アジアニューズレター』と、東北アジア学術交流懇話会が刊行する『うしとら』から選ばれた記事で構成されている。本書は『うしとら』に掲載された記事のうち、『東北アジアの自然と文化』に未収録のものから改めて厳選した記事を収録する。

『うしとら』を発行する東北アジア学術交流懇話会は、次の趣意に基づいて設立された（『うしとら』創刊号より抜粋）。

東北アジアは、西はウラル山脈から東はベーリング海に達するシベリア、沿海州、さらにアラスカにまで拡がり、南は中央アジア、モンゴル、そして中国北部から朝鮮半島までの広大な地域を占め、多様な人種、民族、豊富な資源と環境を擁し、大きな潜在力を有する地域であり、二一世紀の国際社会においてきわめて重要な役割を果たすと考えられる。

東北大学東北アジア研究センターはそのような地域を研究対象として、従来の日本に類例のない文系と理工系の専門家による研究体制を組織し、総合的な学術的研究と解明を通じて国際社会に貢献することを目的として、平成八年度に設置された地域研究施設である。

本学術交流懇話会は、この東北アジア地域における自然、文化、社会構成などに関心を抱き、学術文化活動さらには産業・商業活動までを含めた交流に関心を持つ個人と法人が集結し、情報の交換、支援活動などを通じて東北アジア研究センターの活動力を高め、会員の利益と国際社会への貢献に寄与することを目的とする。

発起人代表は、当時岩手県立大学長、日ロ交流協会会長で、光通信の生みの親として知られ、東北大学総長も務められた故西澤潤一先生であった。西澤先生は東北アジア研究センターの創設にも深く関わっている。

東北アジア学術交流懇話会の会員は現在七七名で、その内訳は法人三、東北アジア研究センター教員二二、一般会員五二である。そのため、『東北アジアニューズレター』は東北アジア研究センター教員による記事がほとんどであるのに対し、『うしとら』には東北アジア研究センター以外の研究者のほか、民間企業やＮＰＯ法人など、様々な立場の方からご寄稿頂いている。

今回、最も古い記事は一九九九年の『うしとら』第二号に掲載されたもので、最も新しい記事は二〇二〇年の最終号（七九・八〇合併号）に掲載されたものである。すなわち、本書には二〇年以上に渡る懇話会会員の研究活動が記されている。『うしとら』は、二〇二〇年をもって幕を閉じたが、そこに掲載された記事を今回このように広く発信する機会を得ることができたことを嬉しく思う。会員の皆さまの、長年に渡るご支援にこの場を借りてお礼申し上げたい。

執筆から既に多くの月日が経った記事もあるため、『東北アジアの自然と文化』同様、転載許可を頂く際には、必要に応じて補遺を執筆していただくようにお願いした。現状に合わせて、加筆修正してくださった記事も少なくない。転載に快く応じてくださり、補遺の執筆や加筆修正の労を取ってくださった執筆者の方々に、心よりお礼申し上げる。各記事に示した所属は、執筆当時の所属や職位のままとし、本書最後の執筆者紹介では、執筆当時と現在の両方の所属・職位を記した。

最後に、本書の企画は、当時センター長であった高倉浩樹先生の「『うしとら』記事を基に東北アジア研究の教科書を作る」、という提案に端を発している。最終的には、論文や教科書には書けない、研究の裏話も随所に出てくる『うしとら』らしさを維持することを優先し、軽微な追記や加筆修正にとどめた構成となった。それでも、東北アジアを舞台とした多様な研究を手軽に知ることのできる一冊になったのではないかと思う。本書が、東北アジア地域の自然と文化の理解を深める一助となれば幸いである。

目次

III. 歴史・言語・文化

Ⅰ．自然と環境

Ⅰ－1　中国―北朝鮮国境と里山

東北アジア研究センター教授
千葉　聡

図Ⅰ-1-a：丹東市近郊の里山

中国と北朝鮮の国境地帯にほど近い中国の農村地帯には、不思議なことに日本の東北地方の農村部とそっくりな景観が広がっている。畑と草地がナラ林で覆われた丘を取り囲み、丘の麓には小さな沼もある（図Ⅰ-1-a）。水田が少ないことを除けば日本の里山の景色そのものである。そっくりなのは風景だけではない。モンゴリナラを中心とするナラ二次林は、そこに住む生物も含めて、東北地方のミズナラ二次林にそっくりである。林床には、ホタルブクロ、オダマキ、キケマンなど、東北地方の里山にはお馴染みの植物が花を咲かせている。樹林の日溜りや道端では、無数のテングチョウが礫《つぶて》のように飛び回る。木が揺れると飛び出すのは、ゼフィルスの仲間。樹液にはオオスズメバチやクワガタなどが群がっている。日本の里山同様、二次的自然であるにもかかわらず極めて種の多様性の高いことが特徴である。

この地域に広範囲に二次的自然が出現したのは、たかだか一五〇年前のことである。日本が森林資源を狙って旧満州に進出した頃、この地域一帯は深い原生林に覆われていた。当時の京城日報（一九一五年）の記事には、「其林相は平坦なる高原に曾《かつ》て斧鉞《ふえつ》の入らざるもの多く昼尚《な》お暗き観あり」と記されている。その後の開発で、原生的な森林はほとんど失われてしまった。にもかかわらず、まだこれだけの多様性が維持されているのはなぜだろう。

日本の里山の種多様性は、燃料として木材を利用するために、定期的に木を伐り、森に攪乱《かくらん》を与えて、二次林から自然林への遷移を人為的に抑制することによって維持されてきた。近年は薪や炭を利用する習慣が失われたため、森の遷移が進み、自然林に住めない草地や攪乱環境を好む種が絶滅の危機にさらされている。加えて、元来の自然林を好む種は、原生林が伐採された遠い過去に絶滅したものが多いので、遷移はむしろ種の多様性を下げてしまう。では、中国の場合はどうだろうか。

確認できた蝶《ちょう》類の種数を比べてみると、日本の場合と同様、遷移の進んだ林域では多様性が低くなっている。実は、この地域のナラ二次林では、絹糸を取るために柞蚕（サクサン）の放育が広く行われている。この地域で柞蚕絹の生産が始まったのは、清朝末期、山東半島からの移住者が持ち込んでからだと言われている。現在、遼寧省では、年三万五〇〇〇トンもの柞蚕絹が生産され、地域の重要な産業になっている。また、繭《まゆ》から糸を採取した後の蛹《さなぎ》は、日常的な食品としてマーケッ

図Ｉ-１-ｂ：モンゴリナラ二次林

トに流通している。柞蚕の放育には萌芽枝を落とすなど、森の手入れが必要で、その結果、樹高三－四ｍ程度のナラ林が維持されることになる（図Ｉ－１－ｂ）。ちょっと仕掛けは違うが、本質的なところは日本の里山と同じである。クヌギ林やミズナラ林の場合と同じく、定期的に人為的な撹乱《かくらん》が施され、森の遷移が抑えられているのである。

過去の原生林の伐採は、数多くの種の絶滅を引き起こした。しかし、それでも多様な種が二次的自然の中に逃れ、むしろ今では柞蚕の放育という人間活動によって維持されていると考えられる。さらに一歩進んだ仮説として、この二次林で維持されている高い種多様性が、絹産業を支えている可能性もある。柞蚕の天敵（鳥や寄生蜂）にとって、種多様性の高い環境、すなわち、柞蚕の他に多様な餌がある環境では、柞蚕は天敵の攻撃から逃れることができ、その結果、絹の生産量が増えるはずだからである。このように中朝国境という今の私たちにはやや疎遠に感じられる地域に、自然を支えるとともに自然に支えられる産業、という先進的な技術を得るためのヒントを見ることができる。

（『うしとら』第五九号、二〇一三年一二月掲載）

Ⅰ－2　畑と生物多様性：中国甘粛にて

東北アジア研究センター教授
千葉　聡

図Ⅰ-2-a：山頂付近まで広がる畑地。甘粛省文県横丹にて

中国甘粛省の省都、蘭州を出発して車で南下することおよそ三〇〇キロメートル。標高三〇〇〇メートルの峠を越えると、深い峡谷地帯となる。褐色の濁水をたたえた白水江に沿って東に進むと、やがて視界が開けて、横丹という小さな盆地の街に到着した(図Ⅰ-2-a)。周囲を囲む山稜は見渡す限り開墾され、段々畑があたかも等高線のように麓から山頂近くまで続いている。

私たち調査グループのメンバーは、京都大学、東北大学、そして中国科学院の研究者である。私たちがこの地を訪れた目的は、主に昆虫類と陸生貝類の分布調査。事前の情報では、カタツムリとそれを食べる昆虫―オサムシ類―の産地だということだった。

図Ⅰ-2-b：長ネギに群がる大型のカタツムリ

車を停め、調査を開始するが、一帯はネギなどの野菜やトウモロコシ畑、それに果樹園などの耕作地であった。季節は六月、雨の多い季節であるため、比較的湿っている。しかし道と畑や家屋の周りのわずかな樹木、それに果樹園の樹木を除けば、樹林と呼べるような環境は全くない。日本ならば、このような見渡す限りの畑では、昆虫やカタツムリなどほとんど姿を見ることはない。せいぜいたまにモンシロチョウが飛び、道端の石や板切れを片端からひっくり返して、ようやく数匹のオナジマイマイやコハクガイが見つかる程度だろう。多様で豊かな陸上動物が生息する環境、とはとても言い難い環境だ。話が違う、と失望感は否めない状況である。

ところが、なにげなく畑に栽培されている作物を見て、驚いた。ネギの根元や葉に、五百円玉サイズの白や茶色の大きなカタツムリが、沢山群がっている（図Ⅰ-2-b）。果樹の枝には、小型のカタツムリがびっしり張り付いて、鱗のようになっている。多いのは数だけではない。たっ

図 I - 2 - c：カタツムリを主食とするマンボウオサムシ

た一株のネギに、一〇種以上も付着している。しかもすべてこの地域の固有種または固有亜種である。高々五〇〇平方メートルの範囲で、実に三四種のカタツムリが見つかった。日本でこれほど面積当たりのカタツムリの種数が多い場所はない。たとえば東北大学植物園の天然記念物の原生林でも、全域合わせて一四種しか見つからない。

仕掛けたトラップには、多数のオサムシ類がかかっていた。特にカタツムリだけを食べる大型種が四種捕獲された。虹色や金緑色に輝く宝石のようなカンスーカブリモドキや、巨大な頭をもつマンボウオサムシ（帯写真上右、図I－2－c）などである。日本のマイマイカブリに近い種だが、どれも甘粛南部の固有種だ。この地域には、他にカタツムリを主食とするヘビや鳥類も生息するという。カタツムリに資源の多くを依存した生態系が形作られているようだ。しかもそのカタツムリは、畑の作物に資源を依存しているという状況である。この場所の本来の環境や植生は不明であるが、少なくとも現在は、畑や果樹園などの人工的な環境が、カタツムリやそれを利用する昆虫の驚異的に高い種多様性を維持するのに貢献していると考えてよさそうである。

その日の夜、地元の農政局の方と話す機会があった。カタツムリが農作物を食害するので困っているとのこと。駆除しているのか尋ねたところ、ブタや鶏を放して食わせているという。誘引剤などの農薬は使用していないそうだ。なるほど、これでは駆除の効果はない。それどころか、糞が栄養になってむしろカタツムリには好都合。この状況は、陸と淡水の違いはあるが、実は日本の一部で行われる無農薬の有機農法の水田と似ているかもしれない。人間生活に依存した生物多様性、つまり、農薬を散布しない水田では、ヒラマキガイなどの淡水貝類が大量発生する。そしてそれらを捕食するコオイムシが多数現れる。ただしここ横丹の場合、農薬を使わないのは、環境負荷を避けるためではない。単にその習慣がないから。昔からのやり方に従っているだけである。カタツムリは農家にとって困りものの害虫か、良くて家畜のえさでしかない。中国の現況を見れば、いずれここも強力な農薬を大量散布することになるだろう。人間活動に依存した生物多様性の儚さを、この中国の事例は示している。

（『うしとら』第六五号、二〇一五年六月掲載）

追記

この記事を執筆してからすでに六年以上が経過しているが、現地の環境の変貌は恐ろしく速いスピードで進んでいるようである。私の研究室の学生が新型肺炎の問題が発生する直前の二〇二〇年に甘粛と東北部を調査で訪れているが、私が調査を行った地点のＧＰＳのデータ以外は、もはやどこだったのかわからないほどの景観の変容ぶりだったそうである。また甘粛も、かつて陸貝が豊富に住んでいた場所がことごとく消滅していることであった。自然も文化も劇的な勢いで変化している。これも躍進著しい中国の自然と文化の一面であろう。

Ⅰ—3　隠れた種多様性：九州島西岸に固有な貝類の進化

東北アジア研究センター学術研究員
山崎　大志

東シナ海に浮かぶ大小様々な島嶼群や有明・八代の奥深い湾を擁する九州島の西岸に、かつてその信仰を隠し、沈黙したひとびとが暮らす。その北部、長崎県北松浦半島にほど近い平戸島は宣教師フランシスコ・ザビエルも訪れた国際的な港町であった。一六世紀半ばの大航海時代を背景とし、九州西岸部にキリストの教えが広がる。しかしその後の宗教的弾圧は、この地に長く苦しい受難をもたらした。禁教が解かれた後、今日では平戸島・五島列島から天草地方の宗教史と、その敬虔なる土着の信仰文化が明らかとなり、その価値は国際的に知られるところとなった。

その平戸島の根獅子海岸、干潮時でも波をかぶる岩礁で、殻高一センチにも満たない小型の貝が這っている（図Ⅰ—3—a）。平戸島を模式産地として記載されたこの貝は、ホリカワタマキビという。種名は、大正から戦後にかけ台湾の自然史研究で顕著な業績を挙げた堀川安市に由来する。堀川は台湾から帰国後、西九州で様々な貝を集めた。こうした標本は昭和天皇も長崎行幸の際にご覧になったほどで、平戸島産の新種に堀川が献名されたことは、彼の長崎県における貝類研究への貢献を考えると納得である。このホリカワタマキビは、非常に特殊な分布パターンを示す貝である。

Ⅰ－３　隠れた種多様性：九州島西岸に固有な貝類の進化

図Ⅰ-3-a：濡れた岩礁を匍匐するホリカワタマキビ（平戸島根獅子海岸）

一般に沿岸域の生物は海水を媒介としその分布を拡大することから、広い分布域をもつため地域固有種は少ない。南北両方向の海流による供給によって、日本列島には多様な海産生物がもたらされている。九州島においても、本州や四国はもちろん、朝鮮半島や琉球列島にも分布する種が普通だ。だが本種は模式産地の平戸島のほか、九州西岸の島嶼部と九州島の一部にのみ生息する固有種であるという。しかしその後四〇年、こうしたホリカワタマキビの分布実態や生態は謎のままであった。

ところで、生物調査におけるサンプリングはあたかも巡礼のようである。産地に赴き、対象生物を採取しては次の目的地へ向かう。私のホリカワタマキビをめぐる旅は五島列島の南西、男女群島産のサンプルを受け取った日から始まった。このサンプルが、平戸産のサンプルの形態の特徴とかけ離れていたためである。ホリカワタマキビは一体どういった生物なのか。九州西岸における本種の分布実態を明らかにするため、対馬から平戸島、天

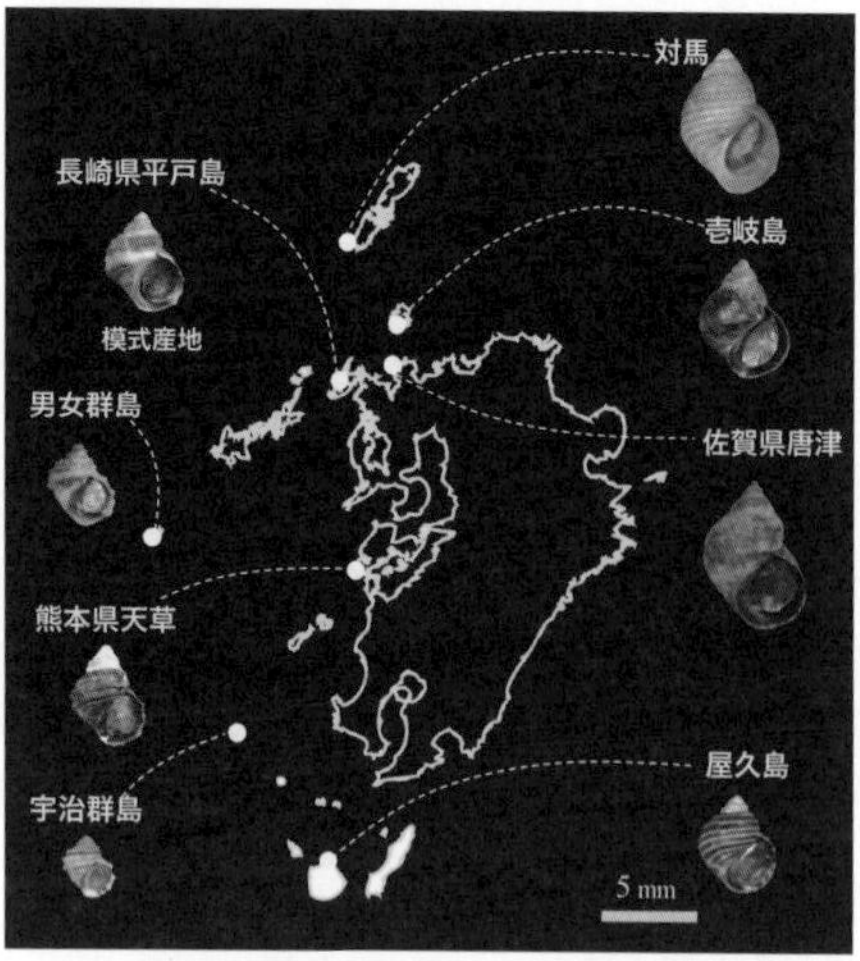

図Ⅰ-3-b：九州西岸におけるホリカワタマキビの形態的多様性

草地方、さらには薩摩半島、屋久島にかけて調査を行った。さらにその形態的・遺伝的解析から進化史を紐解くべく、研究を進めた。その結果本種は九州西岸で飛び地状に分布しており、その産地ごとに殻形態が大きく異なる（図Ⅰ－3－b）、かつ軟体部形質にも差がある未記載種群であることが明らかとなった。驚くべきことにミトコンドリアDNAを用いた遺伝的解析の結果は、この形態変異の大きさに対して産地間での遺伝的変異は蓄積していないことを示した。本種に最も系統的に近縁とされる種は東北北部から北海道以北に生息する。そのため東北南部から九州東岸が近縁種との分布のギャップとなっている。これはホリカワタマキビが近縁種と異所的に種分化したのち、九州西岸において急速に形態的多様化と固有化が生じたことを示唆する。大陸島近辺に生息する海産生物においては、大変珍しいパターンである。現在、より高解像度で本種の進化史を推定するため、次世代シークエンサーを用いた遺伝的解析を進めている。

九州西岸でホリカワタマキビの多様性はこれまで見過ごされてきた。磯遊びなどで訪れるような環境においても、未記載種が見出されることは珍しくない。磯場の巻貝においては、種内の色彩多型が、実は未記載種であったという事例もある。世界的に見て本邦における海産生物の研究は決して少なくないが、未だ気づかれていないモデルがいる。身近な海岸から、あたかも隠れている多様性を拾い上げ、その進化的な価値を明らかにできたらと思う。

（『うしとら』第七八号、二〇一九年一二月掲載）

追記

福江島への巡礼を終え、北上し宇久島へ向かう。信仰の島々の狭間を縫うように進むフェリー太古からは、複雑な入り江に点在する教会群がよく見える。公益信託ミキモト海洋生態研究助成基金によるホリカワタマキビへの研究助成を受け、私は五島列島産の標本を得た。分布域を網羅する高解像度の遺伝解析を実施した結果、形態的に区別可能な各地域集団は、遺伝的にも明瞭な分化を遂げていた。本種は九州西岸という限られた地域で種多様化した稀有な海産生物だったのである。

有史以来、貝類は多様な美的価値を我々に与えてくれた。その代表である真珠の養殖技術を確立した人物が〝真珠王〟御木本幸吉である。王の志を現代に引き継ぐミキモトの援助により、ホリカワタマキビの隠れた種多様性が明らかとなった。日本沿岸域の潜在的な生物多様性の価値は、認知されている以上に高い。身近な海岸から宝石のような価値を見出せるよう、今後も研究活動に邁進したいと思う。

Ⅰ－4　おいしい馬乳酒を捜す地中レーダー

東北アジア研究センター教授
佐藤　源之

地中レーダー（GPR）を使うと地中に埋まっている遺跡や地雷の他、地下水などを電波で見つけることができます。ところがGPRの最大の欠点は土に湿り気があると電波が強く減衰を受けることで、日本のように雨がよく降る地域では、一－二m程度の深さの埋設管検知が限界です。一方降雨量が極端に少ないモンゴルでは土壌が乾燥しているため、一〇mから二〇mまでも簡単に電波が浸透するので地下の土壌水分量、断層、地層など日本ではできない研究を行えます。

モンゴルの人は夏に好んで馬乳酒（モンゴル語ではアイラグ）を飲みます。一日三〇リットルの馬乳酒だけで他の食べ物は摂らない人がいるなどという逸話も聞きます。馬乳酒は文字通り馬の乳から作るアルコール度の低いお酒です。馬乳を革袋にいれて攪拌し、革袋についている菌で発酵させると一－二日で薄めたヨーグルトのような酸っぱい味がするお酒ができます。馬乳酒はウランバートルなどの都市でも入手できますが、モンゴル中部のモゴド地方は特別においしい馬乳酒ができる地域として知られています。

私たちは「どうしてモゴドでおいしい馬乳酒ができるのか」をテーマに名古屋大学大学院環境学研

図I-4-a：モゴドの夜明け

究科篠田雅人教授らと草原でGPRによる土壌水分計測を行いました。この研究は、モンゴルで冬期に大量の家畜が凍死する「ゾド」の現象が草原の乾燥化によって引き起こされ、日本にも飛来する黄砂によるPM2.5などとも関係している環境循環のメカニズムなどを明らかにすることを目的とした「乾燥地災害学の体系化」（科学研究費補助金・基盤研究（S）二〇一三～二〇一七代表 篠田雅人）の一部として実施しました。

良質の馬乳酒はおいしい草を食べる馬の乳からできるだろう、草の生育条件は土壌水分量と関係があるだろうという仮説からの発想です。私たちはモゴドの村落でも特においしい馬乳酒をつくるとされる家族のゲルの近くにテントを張り、数年にわたり夏季に草原に通いながらGPR計測を行いました（図I-4-a）。子馬を引き離した母馬から乳を搾り馬乳酒にするまでの一部始終や遊牧民の生活を間近に見る貴重なチャンスでした。

私たちはGPRを利用する環境計測は乾燥したモンゴ

図 I - 4 - b：GPR 計測　左がツエギー

ルにおいて、特に役立つ方法だと考え、一九九八年以来毎年数回学生と共にモンゴルでGPR計測を行い、その後はモンゴル科学技術大学に勤める私の研究室の卒業生ツエギー（科学技術大学講師：（現）教授）にGPR装置を委託し、いつでも計測ができる体勢を整えました（帯写真下右、図I－4－b）。現在モンゴル科学技術大学はモンゴルの地中レーダー研究の中心になり、ツエギーも独自の研究に利用しています。これまでモンゴルにおいて土壌水分計測、凍土地形の推定、遺跡調査などにGPRを応用してきました。

モンゴル科学技術大学と東北大学は一九九六年に佐藤が訪問をして以来、長い交流が続いています。初めて訪れたウランバートルは民主化後数年しか経っておらず、社会の歪みがあちこちに感じられました。社会主義時代の名残で外国人が宿泊できるホテルは限定され、緊張感がありました。街の空気は石炭の臭いが満ちて自分の子供の頃の大宮操車場を走る蒸気機関車を彷彿させました

図Ⅰ-4-c：ウランバートル市内、北京とモスクワを結ぶ鉄道の脇でGPRによる地下水計測を行っている。2001年当時ウランバートルは遠くまで見通せた。

（図Ⅰ－4－c）。建物は社会主義時代のメンテナンスが行われず荒れてきたと嘆く声を聞きました。都市のマンホールに住みつく子供達の姿が日本でも紹介されていた時期です。

モンゴル国立大学やモンゴル科学技術大学で自分の関係する分野の研究者を訪ね歩くうちに鉱物学を専門とする科学技術大学ゲレル教授に巡り会いました。外交官のお父さんはモンゴルの社会主義化時代に非常に強い弾圧を受けたと聞きました。ゲレル先生ご自身はプラハの大学を卒業後、ソビエト連邦イルクーツクの科学アカデミーで博士号を取得し科学技術大学では学部長を務める精力的な研究者です。数年後彼女を本センターの客員教授として招聘できたことが、その後多くのモンゴル人学生が東北大学に留学するようになったきっかけの一つだったと思っています。留学生の研究分野も初めは地質関係が多かったのですが、次第にあらゆる分野に広がりました。また同大学の当時の学長であるバダルチ先生は、日本の大学の状況を知るために三ヶ月間、センター客員教授として滞在されました。私の研究室のゼミにも参加され、日本の大学の研究体制に大変興味を持たれたようです。そして二〇〇一年には東北大学との間で大学間交流協定を締結し、阿部博之総長（当時）がモンゴルに招待されました。

同大学では二〇二一年現在一五名以上の東北大学卒業生が教員として活躍しています。またモンゴル科学技術大学だけではなくモンゴル国立大学、ウランバートル大学、モンゴル科学アカデミーなどでも多くの東北大学卒業生が研究、教育を行っています。そこで東北大学卒業生に東北大学の同窓会支部設立をよびかけた結果、モンゴル萩友会が結成され二〇一八年九月、正式に東北大学の全学同窓会である萩友会によりモンゴル支部として登録されました。本格的な交流開始から二〇年以上が経過し、卒業生がその教え子を東北大学に送り込んできています。東北アジア研究センターがモンゴルの学術分野に貢献していると密かに自負しています。

二〇一九年一〇月、モンゴル科学技術大学設立六〇周年の記念会に参加しました（図I－4－d、e、f）。ゲレル先生は現役で研究を続けていらっしゃいますが、本学卒業生ジャルガランさんが学部長を引き継いでいます。またこのとき、東北大学ウランバートル同窓会に岡洋樹教授と共に参加しました。同窓会会員約一五人が参加し、現在登録会員は四〇名を超えます。同窓会会長ダルジャーさんは私が一九九六年初めてウランバートルを訪問したときに東北大学の大学院に在籍中でウランバートルでは一緒に研究者を捜して歩き回ってくれた恩人です。現在東北大学に在籍するモンゴル

図Ⅰ-4-d：2019年のウランバートルには高層ビルがずらりと並ぶが、それに囲まれたゲルが点在している。

図Ⅰ-4-e：2019年モンゴル萩友会（東北大学ウランバートル同窓会）

図 I - 4 - f：2019 年モンゴル科学技術大学設立 60 周年にて。
左から佐藤、ゲレル先生、ジャルガラン教授

人学生は卒業後モンゴル国立大学で教授を務めたダルジャーさんの時代を一代目とすると三代目になっています。東北大学卒業生の多くが、また優秀なモンゴル人学生を東北大学に留学させる循環が形成されてきました。
今年（二〇二一年）春には大規模な黄砂が仙台でも飛来しました。ぼんやりとした空を見上げると石炭の香りとアイラグの味を思い出します。

（『うしとら』第七六号、
二〇一八年一二月掲載をもとに加筆修正）

Ⅰ－5　東北アジアを造り出す太平洋プレート

東北アジア研究センター准教授
平野　直人

東北アジア地域の自然環境と社会活動を営む重要な要素のひとつに、激しい地殻変動地域であることが挙げられる。東北アジアは環太平洋地域の北西部に位置し、特に海洋に面した地域では、巨大地震や火山活動など激しい地殻変動にさらされているという要素を外すことはできない。二〇一一年の東北沖の超巨大地震は記憶に新しいが、それと同規模のマグニチュード九と言われる一九五二年のカムチャツカ地震はペトロパブロフスクカムチャツキー沖を震源として発生し、更に西南日本ではそれぞれ東南海地震（一九四四年）と南海地震（一九四六年）も発生し、この時代はプレート境界型の巨大地震が立て続けに発生している。また、日本列島は火山活動密集地帯であり、その火山列は北海道～千島列島～カムチャツカ半島と続き、しばしば噴火活動を繰り返している。これら活発な地殻変動の原因は主に、東北アジア沖からハワイ諸島やフレンチポリネシアを経て北米沖や中南米沖、イースター島付近まで大きく広がる太平洋プレートの「沈み込み」にある。裏を返せば、東北アジアは遙か昔から太平洋プレートをはじめとする海洋プレートの沈み込みに伴い発生した造山運動や火山活動によって発達してきたと言うこともできる。太平洋プレートは、東北アジアに様々な変動を引き起こしてきたのである。にもかかわらず、太平洋プレートの実体が分かってきたのは二〇〇〇年代以降ごく最近であり、今まさに筆者をはじめ世界で多くの研究プロジェクトが進行している。本寄稿では、太平洋プレート上の新たな知見やプレートの沈み込みが造り出した様々な東北アジア地殻変動を紹介する。

図I－5－a（口絵①）に東北アジアに沈み込む太平洋プレートの海底地形を示した。図I－5－aの南東側の大部分、千島海溝から日本海溝と延びる海底の深い溝より東側が太平洋プレートである。太平洋プレートは遙か南東のイースター島付近やメキシコ沖にある「東太平洋中央海膨」と呼ばれる中央海嶺で形成され、約一億二〇〇〇万～一億四〇〇〇万年経て、現在の東北アジア沖に到達する世界最大の面積をほこるプレートである。海底のプレートは、形成後の時間経過に伴い温度低下や密度上昇が原因で水深が深くなっていく。東北アジア沖太平洋プレートの水深は、このモデルに従うと約六〇〇〇メートルと見積もられ、図I－5－aに示されているように過去の火山体（シャツキー海膨、デトロイト海膨、小笠原海台、各海山、海嶺）がある場所以外の「北西太平洋海盆」「チパング海盆」「ナジェージダ海盆」「トレミー海盆」「メルカトル海盆」がこの水深に相当する。ところが、図I－5－aを見ると海山などが存在していない場所にもかかわらず、海溝沿いに水深が浅くなっている「日本海膨」「ゼンケーヴィチ海膨」がある。太平洋プレートが海溝で地球内部の方向に曲がって沈み込むことにより発生する地形の高まり「アウターライズ」である。日本海膨ではおよそ八〇〇メートル程度の盛り上がりがある。それまで一億年以上かけて北西方向に水平移動してきた太平洋

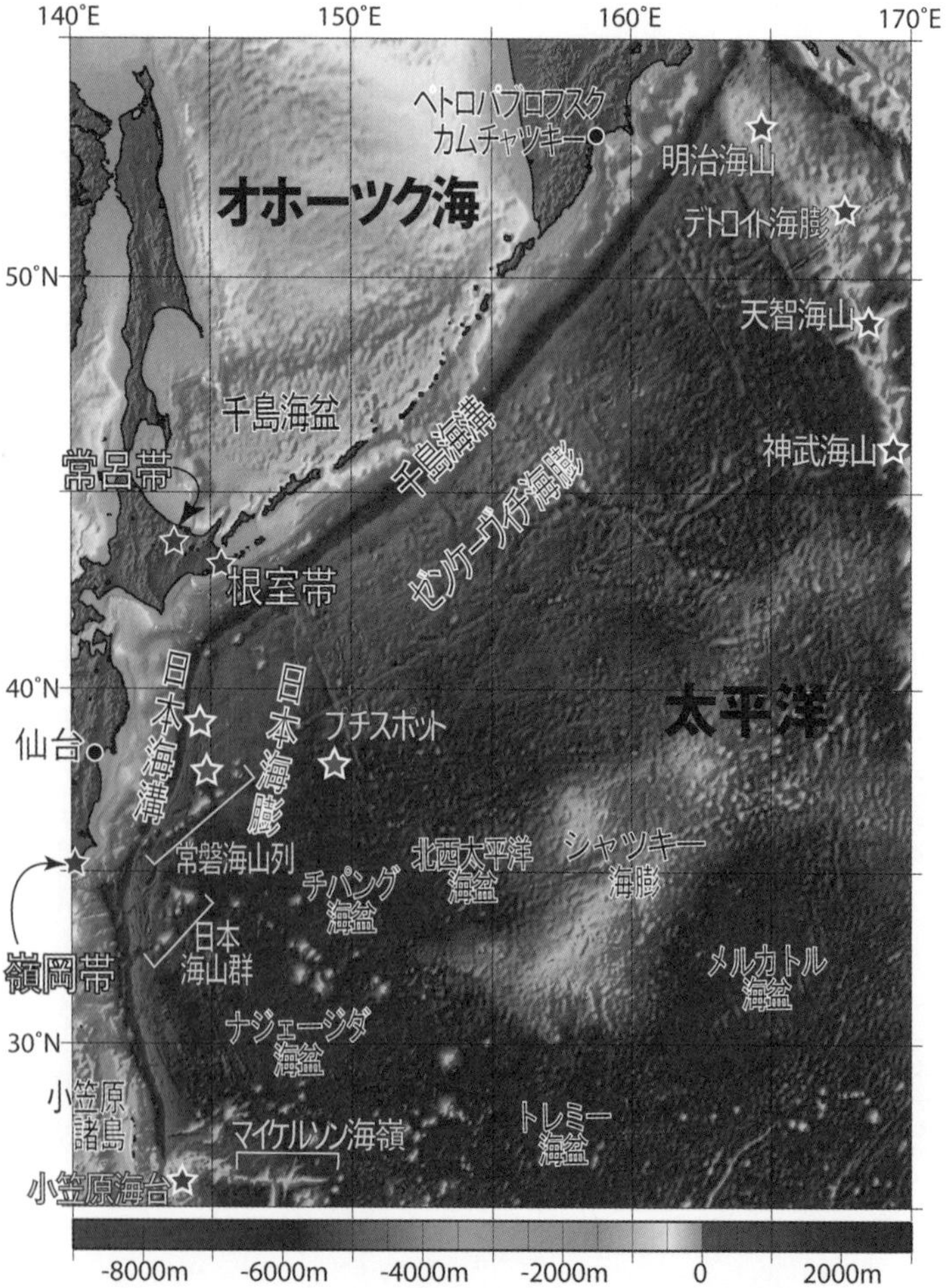

図Ⅰ-5-a：東北アジアに沈み込む太平洋プレート 北西部の海底地形

プレートは、海溝で進行方向を変え、地球内部へと沈み込んでいくが、この際にプレートという岩盤の剛体は地球内部方向へ折れ曲がらずに屈曲し、海溝手前で盛り上がっている。このプレートの屈曲によって太平洋プレート側で発生する地殻変動として、二〇〇〇年代以降プチスポット海底火山が発見され、更にアウターライズ特有の地震の詳細も明らかになりつつある。

プチスポット火山は、プレートが曲がることにより、その下のマグマが上昇してできた小さい深海底の火山として三陸沖で発見され（口絵①の赤星印）、最近十数年で認識された地球上の新種の火山である。最近では、チリ海溝やトンガ海溝、ジャワ海溝など世界中のプレート屈曲場でも発見されている。沈み込む古く冷たいプレート上で活動するこの新種の火山活動は、マグマが含有する高濃度の二酸化炭素濃度が世界の火山から放出される全二酸化炭素量の一割にも匹敵する異常なマグマであることも分かってきた。プチスポット溶岩の化学組成や火山の分布によって、未解明であったプレート直下の地球内部の化学組成や、プレートの変形構造を知る手がかりになることが注目されている。

一方、アウターライズ地震とは、既に述べたプレート境界型の逆断層の巨大地震とは対照的に、沈み込むプレート側の引張場の正断層で発生する。このタイプの地震はプレート境界型に比べ震源が陸地から遠いため、比較的揺れが小さいものの、海底面が直接変動するため、大きな津波を伴うことが多く、危険な地震として知られている。一九三三年に発生し、津波被害をもたらした昭和三陸地震（気象庁マグニチュード八・一）がこの事例の巨大地震であったことが知られている。アウターライズ地震を発生させる断層に沿って海水が地下に浸透し、沈み込むプレートの性質を変えてしまっているという仮説があり、現在盛んに深海調査・観測が行われている。最近発見された新型火山プチスポットとアウターライズ地震、沈み込む太平洋プレートの実体が未だ不明な点が多い現状がある。

図I－5－aの右上には、明治海山、デトロイト海膨、天智海山、神武海山といった海山の連なり（天皇海山列）がある。これらは、現在ハワイ島で活動するマグマ供給点（ホットスポット）でプレートの動きに沿って順に形成された過去の火山列であることから、明治海山は約八〇〇〇万年前のハワイ火山として知られている。明治海山より古い火山体は太平洋プレートが沈み込んでしまったため無いが、カムチャツカ半島の東縁に沈み込んだプレートから剥ぎ取られて一部付け加わっていることが知られている。図I－5－aにある小笠原海台から延びるマイケルソン海嶺、鹿島沖の常磐海山列や、房総沖の日本海山群といった他の海山もまた、太平洋プレートの動きに沿って日本列島に将来付け加わるだろう。

すでに付け加わった過去の海山や海洋島は日本列島の中にも多く確認されている。筆者らが地質調査へ赴き、岩石から集めたデータによる最近の研究では、北海道のサロマ湖畔から十勝平野東部にかけて分布する常呂帯（図I－5－a）という地質帯が、かつての太平洋深海で成長した巨大な海山であることが示された。また、房総半島南部の嶺岡帯（図I－5－a）と北海道最東部の根室帯（口絵①、図I－5－a）が、八〇〇〇万年前の太平洋はるか東南方沖合で、同じプレートをなしていたことも判明した。この常呂帯、根室帯を含む北海道東部、および北方領土や千島列島にかけての地質は、ユーラシア大陸を起源とする北海道西部から九州にかけての日本列島の大部分の地質とはその歴史が大きく異なり、当時の太平洋のまんなかで発達した地質であることが解明されつつある。また、海山が海水面に顔を出し低緯度で形成された場合は、火山体の頂部が珊瑚礁（石灰岩）で覆われることが多いが、鍾乳洞やカルスト地形がある秋吉台や四国カルストは、遙か昔の珊瑚礁を伴った海洋島が東北アジアに付け加わったものである。地質調査で過去の深海底を探り、海底調査で現在の深海底を探ることで、地球の変動を知り、さらには将来の地球像をも予測することができるようになるのである。

このように、東北アジアの形成にはプレート沈み込みが重要な役割を果たしていたことが分かる。東北アジアの発達史を解明するため、筆者は引き続き三陸沖や西太平洋におけるプチスポット火山の深海調査、北海道東部・千島列島の地質調査など国際研究プロジェクトを進めている。

（『うしとら』第六五号、二〇一五年六月掲載および第七九・八〇号、
二〇二〇年七月掲載をもとに加筆修正）

Ⅱ. 社会・経済・政治

Ⅱ－1　中国の環境問題について

東北アジア研究センター助教授
明日香壽川

中国の環境問題の第一の特徴として、先進諸国では数世代もかかった過程を、わずか一世代に圧縮したような工業化（「圧縮型工業化」）が指摘できる。そのような工業化の帰結として、大気や水の汚染、森林喪失、土壌汚染、土壌流出、土壌劣化、ゴミの大量発生、酸性雨、地球温暖化などあらゆる問題を抱えているのが中国である。かつて日本は「公害大国」と言われたが、中国は「環境問題の百貨店」と呼べる。

具体的な健康被害の例を挙げてみよう。日本での戦後の公害問題における原点とも言えるのが水俣病である。実は、中国においても七〇年代に、水銀中毒事件が吉林省松花江で発生した。そこでは三〇〇キロメートルに渡って魚が浮き上がり、日本の水俣病に似た知覚障害を持った患者が発生している。当時、現地を実際に訪れた日本の研究者である原田正純氏によると、水銀汚染の原因となった工場の排出浄化装置は、日本の水俣病の加害者であるチッソ工場における（不十分な）浄化装置と全く同じものであった。すなわち、水俣の悲劇が二〇年後に中国で再び繰り返されたのである。

現在、貴州省の貴陽市において新たな水銀汚染問題が発生しており、日本政府の政府開発援助

（ＯＤＡ）による支援が行われている。水俣病のような公害病は、病気の認定基準によって患者数が大きく変わり、社会へのインパクトも大きく変わる。確かに、現代の公害病は複数の化学物質が関わる複合的な要因によるものなので、認定基準の厳密な設定は難しい（不可能とも言える）。ただし、中国においても、認定基準を厳しくして患者数をなるべく少なくしようという行政側の思惑は存在しているようである。

中国の環境問題の結果であり、かつ原因にもなっているのが、中国における小さな資源賦存量である。「資源が豊富で地大物博の国、中国」と思われがちである。しかし、一人あたりで見れば、この言葉は誤解以外の何物でもない。この資源制約の大きさを、中国で生きる人々は十分に認識している。一九九四年に筆者が中国で行った社会意識調査では、「中国は土地が広く、物産が豊富であるので環境問題は存在しないと思う」と答えたのは、全体のわずか一・八％であった。

食糧を生みだすという意味では、中国で一番重要な自然資源とも言えるのが耕地だろう。しかるに、高原あるいは一〇〇〇メートル以上の山地が国土の半分を占める地形条件、数千年にわたる農耕による収奪、降雨による土壌流失、そして最近の工業化を中心とした開発などによって、中国大陸で耕作可能な土地は、現時点で、国民一人あたりでは世界平均の約三分の一、農民一人あたりでは世界平均の約六分の一しかない（日本の約五分の一で、アメリカの約三〇〇分の一）。また、灌漑などの設備があるのは全耕地面積の約四〇％であり、多くの土地では乾燥化、塩化、そして砂漠化が深刻な問題となっている。

森林面積の後退も深刻である。現在、中国における森林被覆率（森林面積が国土面積全体に占める割合）は、わずか十数％（日本の約五分の一）である。中国での国民一人あたりの森林面積も日本の半分（世界平均の約九分の一）であり、地域的にも東北地方と西南地方に偏って分布している。この低い森林被覆率は、「中華文明」の発展過程の間に人間が伐採していったことが主な原因である。例えば、山西省の森林被覆率は秦代では約五〇％であったものの、一九四九年の中華人民共和国成立時にはわずか数％しかなかったとされる。晩唐の詩人である杜牧は、「秦の始皇帝が阿房宮という余りにも巨大な王宮を建てたために、蜀の国（現在の四川省にあたる）のすべての山が禿げ山となった」と詩っている。

多くの矛盾を抱えながら、時には大きな犠牲を出しながらも、中国が「富国」という目的を持ち続けることは間違いがないと思われる。ただし、その目的の成就は、地球という閉じた生態系に対して大きなインパクトを与える。その理由は至極単純で、世界人口の五分の一によるエネルギー資源消費の急激な拡大である。「中国の人口抑制政策、いわゆる一人っ子政策に対して人類は感謝しなければいけない」とは人口問題の研究者である若林敬子氏の言だが、筆者も同感である。中国の経済成長を止めろと言うつもりもないし、そのような権利もない。

ただ悲しい現実として、中国が計画出産という多くの悲劇が伴う努力を行っても、人口増加および経済成長がもたらす負の側面の存在を正視する理性と勇気を持つべきだと思う。中国国内のみならず、地球温暖化の進行の加速、越境汚染（大気と海洋・河川）の拡大、エネルギー需要の拡大、木材の輸入拡大、そして食糧需要の拡大という形で地球社会へ少なからぬ影響を与えていかざるをえないのが、中国の「発展」なのである。そして我々が何をなすべきかを国際社会全体で考える必要がある。

（『うしとら』第一一号、二〇〇一年一〇月掲載）

追記

中国が「環境問題の百貨店」であることは大きくは変わらない。しかし、経済発展に伴って中国以外でも「環境問題の百貨店」になる国は増えた。ただし、温暖化問題においては、一人当たりの温室効果ガスの排出量という意味で、先進国に住む人々の責任は中国などの途上国に住む人々よりも大きい。また、中国は、「環境政策の百貨店」にもなった。すなわち、温室効果ガスの排出量取引制度などを日本に先駆けて導入しており、再エネ導入政策なども積極的である。その意味で、中国の環境問題から目が離せないのは変わらない。

Ⅱ－2　中国と日本：そのエネルギー政策と温暖化政策

東北アジア研究センター教授
明日香壽川

しばしばエネルギーや温暖化の問題では悪役あるいはスケープゴートになるのが中国だ。しかし、最近は十分ではあるかどうかは別にして、少なくともそのポジションをより温暖化対策に積極的なものに変えつつあるという評価は少なくとも研究者の間では一般的である。

中国のエネルギーや温暖化対策に関する国内状況をもう少し細かく見てみよう。省エネ政策で一番厳しいのは、（良い悪いは別にして）強制的なエネルギー供給制限や生産量制限である（昨年の日本の強制停電を思い出してほしい）。五年ごとの国家計画の中で省エネ目標を持つ中国では、一昨年、各地でそのような事態が発生して大きな社会問題になった。すなわち、省エネ目標達成が人事評価にリンクされている地方政府の担当者やエネルギー供給者が目標達成のために独断で強制的にエネルギーや熱の供給を止めてしまい、結果的に工場の稼働率や生産量なども制限された。また、風力発電に関しては、年間導入量でも総発電容量でも世界でトップであり（二〇一〇年の風力発電導入量は日本の七五倍）、今年からは高い買い取り価格の設定によって、太陽光発電の導入量の大幅な増大が予想されている。さらに、日本政府がこれまで主張してきたように原子力発電が温暖化防止に貢

Photo: Chinadaily.com.cn/ Agencies

図II-2-a：COP17における交渉のヤマ場の様子
（右側手前のジャケットを着ているのが中国の交渉担当者）

献するのであれば、数ヶ月に一基の信じられないペースで新設している中国は、とてつもなく厳しい「温暖化対策」を実施していることになる。そして、究極の対策は人間を減らすことで、それも中国では一人っ子政策として実施している。

実は、非常に興味深いことに、例外はあるものの、温暖化対策に関する国際交渉においては、「温暖化対策積極国＝エネルギー輸入国」「温暖化対策消極国＝エネルギー輸出国」という図式ができつつある。このような状況は端的に言えば、「どうせエネルギー安全保障、産業構造変革、そして新規産業育成のために省エネや再生可能エネルギーは推進せざるを得ない。なので、その結果として自動的に達成される温室効果ガス排出削減には大きな抵抗がない」という感覚が中国を含むエネルギー輸入国の間で共有されつつあることを示していると思われる（図II－2－a）。

その意味では、日本も、もう少し温暖化対策積極国になってもおかしくないはずである。したがって、これは「日本パラドックス」とも呼びうる。あえてその理由を考えるとすれば、日本においては化石燃料産業やエネルギー多消費産業の政治的影響力が強く、産業構造変革の議論はタブーであった。かつあまりにもエネルギー政策そして温暖化対策が原子力推進に偏っていたために、国全体としての長期的視野に立った合理的な政策判断がいささか困難であった、といったところであろうか。

（『うしとら』第五四号、二〇一二年一一月掲載）

追記

温暖化問題において、各国が中国をスケープゴートにするという状況はあまり変わっていない。そうしているうちに、中国の太陽光発電設備や風力発電設備に対する年間投資額、導入蓄積量、年間導入量はダントツで世界一になった。太陽光パネルや風力タービンも中国企業が世界市場を席捲している。ただし、二〇一五年に中国は一人っ子政策をやめた。その意味では「普通の国」にもなりつつあるのが中国だ。

II―3　越境大気汚染に関する研究交流と国際政治

東北アジア研究センター教授
明日香壽川

環境分野のアジアでの国際研究交流となると、必要性という意味で多くの日本人の頭にまず浮かぶのが大気汚染対策だろう（図II―3―a）。実際に、汚染物質が国境を越えて広域輸送されることは、古今東西、よく知られた科学的事実である。一九七〇年代、欧州では越境大気汚染によって大規模な生態系の酸性化が引き起こされ、五〇か国とEUが締結した長距離越境大気汚染に関する条約（LRTAP）および付随する複数の議定書が誕生した。

日本、中国、韓国などを含むアジア地域でも、これまでいくつかの越境大気汚染物質が断続的に注目されてきた歴史がある。

図II-3-a：中国各都市の大気汚染状況がわかるスマートフォン・アプリケーション

特に、風下で被害を受けるとされる日本や韓国の政府関係者は、長い間、LRTAPのような国際枠組み構築を一つの最終形として考えてきた。対象となる大気汚染物質も時代と共に変遷し、一九九〇年代は硫黄酸化物、二〇〇〇年代初めは黄砂、二〇〇〇年代後半は光化学スモッグの原因となるオゾン（O_3）、そして今、PM2.5が注目されている。

ただし、現在、どこの国・地域においても国境を越える環境問題での合意形成は容易ではない。その意味で、欧州でのLRTAPはまれに見る成功例だと言える。それゆえに、アジアでの越境汚染問題に関する枠組み構築を考える際には、以下に挙げるようなＥＵとアジアとの相違点などを冷静に分析する必要がある。

第一は、アジアでは加害と被害の責任関係に関する共通認識が研究者間で醸成されていないことである。PM2.5の中国からの飛来に関しては、すでに日本の国立環境研究所などが定量的な分析を行っており、越境汚染の存在はほぼ明らかになっている。しかし、その大きさに関しては中国の研究者との間で合意があるわけでない。また、実際に、北京でPM2.5濃度が極めて高い日が続いた二〇一三年一月における日本の北九州地域のPM2.5濃度を一年前と比較した場合、それほど高いものではなかった。このことは、中国でのPM2.5の濃度上昇と日本のPM2.5の濃度上昇との関係が単純なものではないことを意味する。

第二は、日中韓にある政治や国民感情の対立である。その背景には、自分あるいは相手を特別視する政治家や国民の存在がある。例えば、PM2.5などの越境汚染について日本の政治家の反応は大きく二つに分かれる。「中国はけしからん。厳重に抗議すべきだ」と「日本が援助し解決すべきだ」というものだ。これらはいずれも「上から目線」だと言える。越境汚染で他国に悪影響を与えている可能性があるという認識は中国にもある。しかし、自らが苦しんでいる中国の人々にとって、「けしからん」と他国から言われても「分かっている」という反応しか出てきようがない。原発事故を外国人に「けしからん」と言われても、多くの日本人にとっては心に深く響かないのと同じだ。一方、中国も、大国としての立場と途上国としての立場を都合よく使い分けたり、国内の環境規制に対する批判に「内政干渉」と反発したりする。最近も、環境NGOに対する規制を強めた。

このような状況があるので、特に日本の対中ODAが終了した後、大気汚染分野での具体的な日中間の国際協力はそれほど進んでいない（会議は行われている）。最近、ある中国政府関係者は「日本は思い込み半分と商売気半分で日本の技術を導入すれば良いと言う」「しかし、同様な技術は中国にもあり、日本の技術は値段の高さもあってそれほど魅力的ではない」「そもそも問題は技術で解決できるような単純なものではない」「中国では工場閉鎖やエネルギー供給停止など先進国では想像できないような対策をすでにとっている」と筆者に語った。

何らかの枠組みを作るためには、研究者間の緊密な交流が何よりもまず必要である。しかし、どの国の政治家も歴史や科学や現状を理解しないまま自国の国民に受けが良い言葉だけを言う。それらによって官僚や研究者が翻弄される。環境分野の研究交流でさえも政治的対立の影響を避けることはできない。そのような状況が一〇年以上続いているのが越境汚染問題を巡る日中韓であるように思う。

（『うしとら』第六九号、二〇一六年六月掲載）

追記

PM2.5による大気汚染が深刻な問題となった二〇一三年から比べると、現時点（二〇二一年）のPM2.5濃度は三分の一から半分近くに減少した。今後は、「二〇六〇年カーボン・ニュートラル」という温暖化政策によって石炭消費のさらなる減少が予想されるため、次第に越境大気汚染問題もその重要性が薄れていくと思われる。しかし、依然として中国のPM2.5濃度は世界保健機構（WHO）が推奨する濃度よりもかなり高く、中国において大気汚染問題が解決されたということではない。

II－4　モンゴルにおける炭鉱の社会に対する否定的影響の低減

東北アジア研究センター学振外国人特別研究員
ダライブヤン・ビャムバジャヴ

最近の一〇年余、モンゴル国から中華人民共和国への石炭輸出がモンゴル国の輸出収入に大きな影響を与えるようになった。とりわけ蒙中国境付近にあるウムヌゴビ県の約七〇億トンの埋蔵量をもつタバントルゴイ炭鉱が重要な役割を果たすようになった。タバントルゴイ炭鉱から中国に向けて輸出される石炭の量は、二〇〇八年には約二〇〇万トンであったが、二〇一八年には二〇〇〇万トンに大きく増加している。二〇一〇〜二〇一三年に石炭輸出が急激に増加したが、中国の石炭に関わる政策の変化により、二〇一四〜二〇一五年には、モンゴル国からの石炭輸出量は減少した。しかし二〇一六年以後、この状況は変化し、石炭輸出はかえって増加している。現状では、同炭鉱でモンゴル国の三つの鉱山会社が採掘を行い、一〇〇社以上の運送会社が石炭を輸送し、一万人以上の運転手やその他の労働者が炭鉱及び石炭運送業務に携わっている（口絵②、図II－4－a）。

二〇一〇年以後、タバントルゴイ炭鉱、石炭輸送の自然環境、地域住民の生活、生活環境、健康面での否定的影響に関して、研究者達は注意を呼びかけてきた。例えば、二〇〇四年から二〇一二年まで、石炭を未舗装の道路で輸送していたことにより、非常に多くの土壌が破壊され、地域の

Ⅱ－4　モンゴルにおける炭鉱の社会に対する否定的影響の低減

図Ⅱ-4-a：タバントルゴイ炭鉱から中国国境までの道路のトラックの列と汚染

牧民の生活環境、牧畜生産、健康に被害を与えた。しかしモンゴル国の関係当局は、鉱山会社の炭鉱、石炭輸送による自然環境の否定的影響を低下させるための本格的な対応をとらずにきている。この状況に鑑みて、筆者はモンゴル国の国家人権委員会と協力して広範囲にわたる社会調査を行うことを計画した。その際、政策イノベーション研究所というモンゴルの独立研究機関とも協力した。これ以前の研究との重要な違いは、炭鉱、石炭輸送活動が人権にどのような影響を与えているのかに注目した点にある。

調査情報の収集活動は、二〇一八年三〜六月に実施された。研究グループは、ウムヌゴビ県のツォクトツェツィー郡、ハンボグド郡及び中国とのガンツ・モド国境とその付近の居住地に赴き、合わせて五〇〇人ほどの人から文書による調査を実施した。約五〇名へのインタビュー調査、六回の集団インタビューを行い、長時間の観察調査も実施した。調査では、以下三つの基本課題に着目した。即ち、㈠タバントルゴイ炭鉱から五キロ附近に住む七〇〇〇人ほどの人口を有するツォクトツェツィー郡中心地の住民の居住環境、健康面における否定的影響、㈡石炭輸送を行う一万人ほどの運転手の労働条件、㈢炭鉱附近及び輸送路沿いに住む牧民の生活環境に見られる変化、困難である。

調査により、非常に深刻な多くの問題が明らかになった。まず、輸送の事故に巻き込まれる可能性が高いということである。二〇一六～二〇一七年の輸送事故に関する情報を比較して見ると、年に約一五〇〇件の輸送事故が発生し、これにより約一〇人が死亡、数十人が負傷あるいは財産に損害を被っている。タバントルゴイ炭鉱から国境までの石炭輸送路には、平均で日に四～五件、月に約一二五件の事故が発生し、毎月一人の命が失われている。

ツォクトツェツィー郡の中心地附近の住民にとって、もっとも緊急で、不安をもつ問題は、炭鉱の活動に由来する埃の発生、大気汚染である。ツォクトツェツィー郡では、一万人あたりの呼吸器障害が、各郡で最も高い数値となっている。ツォクトツェツィー郡規模で診断された病気の四九・三%が呼吸器の障害であり、全疾患における呼吸器障害の割合は、二〇〇六～二〇一四年に三二・七%から五五・七%に大きく増加している。

タバントルゴイ炭鉱附近及び石炭輸送路沿いの牧民の生活、人と家畜の健康、安全に対する影響面での対処状況は甚だ不十分であり、数十人の牧民がやむを得ず牧地から離れて移動し、「避難」している状況である。

図II-4-b：地域での集会で研究結果を紹介する筆者

調査結果を地域の行政や住民及びその他の関係者に紹介し、今後問題をどのように解決するかを協議する場を二〇一八年六月及び九月に組織したことは、大きな効果があった（図II－4－b）。この協議により、鉱山企業三社と地域の行政担当者が参加した協議会を組織する決定が出された。この協議会は、調査の結果と提言を実施するための活動を順次行っていくことになる。このようにして、調査結果を大衆に届け、国の規模で広範囲にわたる議論が広がっている。

（『うしとら』第七六号、二〇一八年一二月掲載）

Ⅱ―5　モンゴル人と農業

東北アジア研究センター教授
岡　洋樹

伝統的に農民や漁民であった日本人にはすぐには了解しがたいことであるが、近代のモンゴル人にとって農業は、自然を破壊し、民族のアイデンティティーを危機に陥れるものであった。多くの人がそう思っているように、モンゴル人の伝統的な生業は牧畜、それも定期的な移動を伴う遊牧であった。モンゴル好きの日本人は少なくないと思うが、その理由のひとつは、たぶんこの遊牧という、狭い土地に束縛されない、自由でおおらかな生活のありかたにあるのではないだろうか。だからこう思うだろう。遊牧民であるモンゴル人は、定着した農民であることを嫌うのだと。

しかし問題はそう単純なものではない。現在モンゴル国には、遊牧民ばかりでなく、農民も存在する。彼等は社会主義時代に開発された広大な農地で、機械化された大規模農耕を営んでいる。社会主義体制崩壊後、この大規模農場は民営化されて企業となったが、多くの困難に直面した。しかしこの国で農民であるモンゴル人がアイデンティティーの危機に悩まされることはない。

ところが中国の一部である内モンゴルに行くと、農業観は全く異なる。内モンゴルでは、とくにその東部や南部にモンゴル人農民が多い。にもかかわらず、ここでは遊牧民がモンゴル人の本来の

図II-5-a：農耕地が広がる内モンゴル東部

姿であり、農民は何か本来のモンゴル人らしさを失った、不正常な状態であるかのように語られる。その理由は、内モンゴルでは農業は異民族である漢人がモンゴルに持ち込んだもので、しかも彼等の開墾によって、モンゴル人は牧地である土地を奪われたと考えられているからである。このような考え方が、二〇世紀に内モンゴルでたびたび発生した独立運動や自治運動の根底に潜んでいる。

ようするに、内モンゴルでは農業とは漢人の民族性を象徴する記号なのである。

これに対して「真の」モンゴル文化は遊牧をもって表象される。しかし現在の内モンゴルでは、モンゴル国のような遊牧生産は圧倒的な少数派となっている。さらに農耕化した内モンゴル東部の住民が話すモンゴル語も、漢語から多くの借用語彙が入り、モンゴル語の表現自体が「漢化」していると見なされるから、彼ら・彼女らにとって、それは文化的な意味で民族存亡の危機なのである。

しかしイギリスで活動する内モンゴル出身の文化人類学者ウ

ラディーン・ブラグも言っているように、内モンゴル東部の農耕化は、漢族農民の入植を食い止めた面も顕著なのである。そこでは集住したモンゴル人の定着村落で、モンゴル人コミュニティーが維持されている。そこで話されるモンゴル語は、モンゴル国のそれに比べるとたしかに漢語まじりの方言なのであるが、決して漢語そのものではない。しかも知識人の間でも支配的な言語となっているのである。だから内モンゴル人が農業をめぐるコンプレックスから脱却できるかどうかは、その将来に関わる大きな問題なのだと言えるだろう。

内モンゴルに行くと、時に愕然とさせられるような光景にであう。フフホト市内で、モンゴルの草原を模した公園を見たことがある。しかしそれは草原というよりは、むしろ「草むら」だった。内モンゴル西部のオルドスには、代々チンギス・ハーン祭祀の場である「八白宮」があるが、今そこで「成陵（チンギス・ハーン陵）」として大規模な観光開発が進んでいる。しかし「八白宮」は祭祀の場ではあっても、陵墓ではなかったはずである。私がそこを訪れたのは、内モンゴル自治区が開催した「国際モンゴル学会議」のエクスカーションであったが、会議で交わされた「純粋にモンゴル的な」議論との落差にとまどってしまった。それ自体を部外者の私が否定する理由はないのだが、遊牧民としての文化や歴史が観光資源化する一方で、内モンゴル東部の農耕社会の豊かな文化が、モンゴル人の歴史認識の中でまともな位置づけを与えられていない現状には、やや不安を禁じ得なかったことも事実である。

（『うしとら』第四八号、二〇一一年三月掲載）

II―6　スターリンとモンゴル、新疆

東北アジア研究センター教授
寺山　恭輔

筆者はスターリン時代のソ連の東方政策について研究を進めている。我々日本人にとってなじみの深い問題は、スターリンが決定した一九四五年のソ連の対日参戦とそれに伴って生じた北方領土問題であり、戦後七〇年以上を経過した現在に至るまで日露両国間の懸案事項として残されていることは言を俟たない。また金王朝三代目が国際世論を無視して核爆弾とミサイルの発射実験を繰り返している北朝鮮や中華人民共和国の誕生にもスターリンが密接に関わっていたことを想起すれば、スターリン時代の東方政策の解明は東北アジア地域の現状を歴史的に理解する上で大きな意義を有するといえるだろう。

ここ数年の研究成果が、二〇一五年三月に出版した『スターリンと新疆：一九三一―一九四五』(社会評論社)(図II-6-a)、今年三月に出版した『スターリンとモンゴル：一九三一―一九四六』(みすず書房)(図II-6-b)である。これらの著書について概略を説明することにしたい。

ロシアが北米大陸への進出をあきらめ、中国国内の混乱に乗じてアムール川左岸、沿海地方を獲得して極東へ本格的に進出し始めたことをもって、東アジアに北のロシアも加えたいわゆる東北

図Ⅱ-6-a：「スターリンと新疆」

図Ⅱ-6-b：「スターリンとモンゴル」

アジア地域の大きな枠組みができたのが一九世紀半ばである。日本の明治以降の歴史とも重なり、日本に開国を迫った米国ともども主要なプレーヤーが東北アジア地域に集結し、これらの相互関係の中で同地域の近現代史が展開されることになる。二一世紀初頭の現在もこの構図に変化はない。東方に目を向け始めたロシアは中国との国境隣接地域（新疆、モンゴル、満洲）において様々な形で接触、交流を深めたが、中国からの独立を志向しロシアが大きな影響を及ぼした新疆、モンゴルのうち、後者だけが独立を果たすことになった。

イスラム教を信仰するウィグル人が人口の大半を占めていた新疆に対し、ロシアは中国本土と比べてアクセスは容易で、シベリアと中央アジアを結び新疆にも近いトルクシブ鉄道がソ連時代に開通すると、そのようなロシアの経済的優位はますます強まり、同地域の政治にまで深く関与することになる。その象徴がソ連共産党への入党まで志願した新疆省督弁盛世才である。独ソ戦でいったんは減退したソ連の影響力は戦況の好転により復活し、大戦後にスターリンは蒋介石にも圧力をかけ、最終的に毛沢東の手に新疆を委ねることになった。

一方のモンゴルでは、上述の通りロシアの極東進出と同時に一九世紀半ばに開設した領事館の活発な活動が奏功し、辛亥革命後ハルハ族を中心に独立を目指す人々がロシア帝国に支援を求めるが、ソ連時代になってもこの流れは基本的に変わらず、ソ連はモンゴルに対する政治的、経済的な影響力をますます強めていった。一九三二年の満洲国の成立はこの流れに拍車をかけ、日本によるシベリア出兵再来を警戒したスターリンは、満洲国西隣のモンゴルもソ連の国防にとっての重要な砦とみなし、国防力強化、人材育成に取り組むようモンゴル指導者に重ねて訴えた。兵士になるべき成年男子の多くが僧侶として奪われるチベット仏教が敵視され、弾圧された。そして対満洲国だけでなく戦後の中国との緩衝地帯としてモンゴルの地政学的地位を重視したソ連は、英米とのヤルタ会談でモンゴル独立を主張し、最終的には蒋介石に認めさせてその独立を確保することになった。

拙著ではソ連の新疆、モンゴルに対するスターリン指導部の関与の実態を、一次史料を活用して論証することに努めた。スターリンに情報が集中し、重大な問題については彼が自ら細かい指示を出していたことが明らかになった。ただし、ロシアの史料館の史料で秘匿されているものも依然として多いのは問題である。特に独立を果たせなかった新疆についてはソ連の生々しい介入の実態を隠すためか、現在に至るまで多数の史料が未公開のままである。近い将来に公開される保証もない。現代史研究ではこのように史料公開の限界が付きまとうが、存在する史料をもとに可能な限りの描写を試みるしかない。西から進めてきたソ連の東方政策の次のターゲットはソ連極東地域である。北方領土問題が発生するまでの流れを追うつもりでいる。

（『うしとら』第七三号、二〇一七年七月掲載）

追記

紹介した二つの著書のテーマである新疆、モンゴルへの筆者の関心は一九九〇年代前半に留学していたロシアで生まれ、博士論文（一九九六年）の構成に組み込んだが、当時はアクセスできる史料は限定的で断片的な叙述にとどまった。その後も筆者はロシアを訪問する機会があればコツコツと史料調査を続け、一部を論文の形で発表しながら、このような形で最終的に書籍にまとめることができた。独自の視点で史料を収集・整理し、一書にまとめ上げてオリジナルな論点を提示するという作業は、歴史研究の醍醐味だが、二〇年以上あたためてきたテーマだけに感慨深い。それでも秘匿されている史料がいまだに多いという状況に変化はなく、新疆については当該機密史料の具体的な日付のみ記すという手法を取らざるを得なかった。新疆については出版時にも増して中国当局による人権侵害に世界の耳目が集まっており、その歴史的過程の解明に少しでも貢献できたのではないかと考えている。本文の最後で述べた筆者の次の課題「ソ連極東地域に対するスターリンの政策」については、論文集『スターリンの極東政策：公文書資料による東北アジア史再考』（古今書院、二〇二〇年）や、最近筆者が発表した潜水艦、鉄道、感染症等に関する論考を参照していただきたい。

Ⅱ—7　リトビネンコ事件とプーチン政権の行方

東北アジア研究センター准教授
寺山　恭輔

本来自分の研究はソ連のスターリン時代に関するものだが、全学教育で「ロシア現代史入門」と題してゴルバチョフのペレストロイカ以降、最近のプーチン時代にいたる時期のロシアについても話している。レニングラード出身で、現在は外国で映画を撮っているアンドレイ・ネクラーソフ監督のドキュメンタリー映画『暗殺・リトビネンコ事件』も学生と一緒に鑑賞した。学生たちの感想を読むとかなりの衝撃を受けていることがわかる。リトビネンコはプーチン政権を批判して英国に亡命、放射性物質ポロニウムを摂取したため二〇〇六年に死去した。英国警察は多大の時間と費用をかけ、リトビネンコと同じ旧KGBの要員がポロニウムで彼を殺害したと断定、その身柄引き渡しを拒否するロシアとの関係は、昨年のロンドン五輪時にプーチンが訪英するまでずっと冷え込んでいた。ところが、リトビネンコの死因をはっきりさせたいと彼の妻が英国の裁判所に提訴したため、この春からの審理で、新たな事実が公表される可能性も指摘されている。この映画はインターネットでも視聴できるので国家がテレビを支配するロシアでも、環境が整っていればリトビネンコによる痛烈なプーチン政権批判を目にすることができる。

図II-7-a：反プーチン政権のデモ行進
（モスクワ2012年9月15日―著者撮影―）

二〇一二年五月に大統領に返り咲いたプーチンの支持率はI期目（二〇〇〇―〇四）よりもII期目（二〇〇四―〇八）に入って拡大し、二〇〇八年九月には支持から不支持を引いた数は七八（支持八八、不支持一〇）にも上った（レヴァダ・センター）。それ以降、低下傾向に入り、支持率は常に六割を超えているものの、二〇一一年六月以降、不支持が三〇%を下回らないようになった。直近の一二年一二月の調査では支持六五%、不支持三五%である。このところ毎年変わる日本の首相の最初の一ヶ月の支持率をすでに一三年間も維持していることになる。したがって、二〇一一年末の下院議員選挙における不正に抗議する市民が、反政権の集会を各地で繰り広げたものの（口絵③、図II―7―a）、「モスクワの春」まではまだ遠いというのが現状であろう。ただし「アラブの春」同様、撮影された選挙における不正がネットに投稿され、ネットの中ではプーチン周辺のお友達による蓄財が攻撃され、プーチン退陣を求める署名活動も展開されているのは注目すべきだろう。ネットに対する統制を強めない限りこの流れは押しとどめられないのではないだろうか。「ネットがプーチンを殺すか、プーチンがネットを殺すかどちらかだ」との論評があると最近読んだ本から知った。リトビネンコは、そもそもプーチンが権力を獲得する初期の過程を問題にしており、彼の提起している問題はプーチンが退陣しない限り解明されないだろう。ともかく、英国におけるリトビネンコ事件の審理の行方に注目することにしたい。

（『うしとら』第五六号、二〇一三年三月掲載）

追記

英国政府は二〇一六年初頭、リトビネンコ殺害を「おそらくはプーチン大統領が承認」したとの報告書を発表した。一方で『暗殺・リトビネンコ事件』（二〇〇七年）のネクラーソフ監督は、セルゲイ・マグニツキー（ロシア税務当局の不正を告発した税理士だが、逆に告発、拷問され二〇〇九年に獄死）を扱った次作（二〇一六年）で変節、事件はフェイクと主張したため、プーチン体制批判を期待していた欧州議会での上映は直前に中止された。ソ連崩壊後のロシアで富を築いた米国人ブラウダーは友人マグニツキーの死後、彼の死に責任あるロシア政府関係者を制裁するマグニツキー法（二〇一二年）制定を米国政府に働きかけた（ビル・ブラウダー『国際指名手配　私はプーチンに追われている』集英社、二〇一五年）。人権侵害に加担した特定の個人を制裁する類似の法案はその後、欧州連合その他でも採択され、それに基づき最近では新疆ウィグル自治区における人権侵害に対して一連の決議が採択されている（残念ながら日本ではまだ可決されず）。ナヴァリヌィ毒殺未遂と帰国後の彼の収監、言論機関やＮＰＯを外国の手先として弾圧する等、ロシアの言論状況は悪化の一途だ。マグニツキーの映画について付言すれば、西側でブラウダーの誹謗中傷に従事した女性弁護士ヴェセリツカヤが影響を及ぼしたといわれる。彼女は米国大統領選挙さなかの二〇一六年六月、トランプ一家と面会していたことが暴露され、ロシアの選挙介入の証拠だと一躍有名になった。

リトビネンコ事件については、二〇二一年九月、欧州人種裁判所が、彼の殺害の責任はロシアにあると結論づけ、未亡人への賠償支払いを命じたが、ロシア政府は判決を事実無根と拒否している。

Ⅱ―8　食の共生社会：イルクーツクを訪ねて

日本学術振興会特別研究員ＰＤ（東北アジア研究センター）
井上　岳彦

近年のシリア難民問題は言うまでもなく、二一世紀を生きるすべての人々にとって、あらゆる空間レヴェルでのモビリティとそれに伴う現象に、どのように向き合うべきかが問われていると言えるでしょう。堀江典生・富山大学教授の編著書『現代中央アジア・ロシア移民論』（ミネルヴァ書房、二〇一〇年）（第一回地域研究コンソーシアム賞研究作品賞受賞）で指摘されているように、移民研究は、旧ソ連地域においても極めて重要なものとなりました。今回は、シベリアの中央アジア系移民と共生社会の可能性について考えてみます。

イルクーツク市のカール・リープクネヒト通りには、一九世紀末にタタール商人によって建てられたモスクがあります（ソ連時代に一時閉鎖、一九八〇年代に再建）。このモスクのすぐ近くに、ハラール食品の店が建っています（図Ⅱ－8－a）。筆者が中に入って商品を見ていると、隣のロシア人（と思われる）女性客が「ここの肉は清潔で安全だ」、「向かいのスーパー・マーケットで肉を買ってはダメだ」と親切に教えてくれます。向かいのスーパーもそれなりに新しくキレイな店でしたが、ハラール食品店も、なかなか繁盛していました。よく見ると、ムスリムではなさそうな客も多くいました。

図II-8-a：ハラール食品店

ハラールは、イスラーム法で合法なもののことを言い、ハラール食品とは規則に従って適切に処理された食品のことです。食肉の場合、定められた手順で血抜きを行うため、細菌の繁殖を防ぎ、鮮度を保つことができると言われています。オーガニック食材に人気が集まる欧米社会では、ハラール食品への注目も高まっています。日本でも廃棄冷凍カツの転売が話題になりましたが、ロシアでもフード・ロンダリング（賞味期限切れや汚染廃棄の食品を再包装・再販売）は、深刻な社会問題となっています。そうしたことを受けて、モスクワなどでも近年、「生産者の顔が見える農産物」を提供する店の人気が高まっています。イルクーツクにおいても、「多様」で「多層的な消費市場」（堀江典生『ロシア東部地域における中国人市場の進化』日本国際問題研究所、二〇一五年）が形成されつつあり、より安全でより健康なものを求める消費者嗜好も、一部で生まれているのかもしれません。

モスクから中央市場に向かう途中に、「ソモン」というタジク料理のカフェがあり、非常に美味しいプロフやラグマンなどを提供しています（図Ⅱ－8－b）。イチオシは、特製窯で焼き上げる円盤状のパン（ノン）です（図Ⅱ－8－c）。中央市場周辺では、中央アジアやコーカサスからの移民が働いているので、彼らが焼き立てのパンを買っていくのは当然ですが、毎日このカフェに通ってみると、ロシ

図Ⅱ-8-b：タジク料理店のプロフ

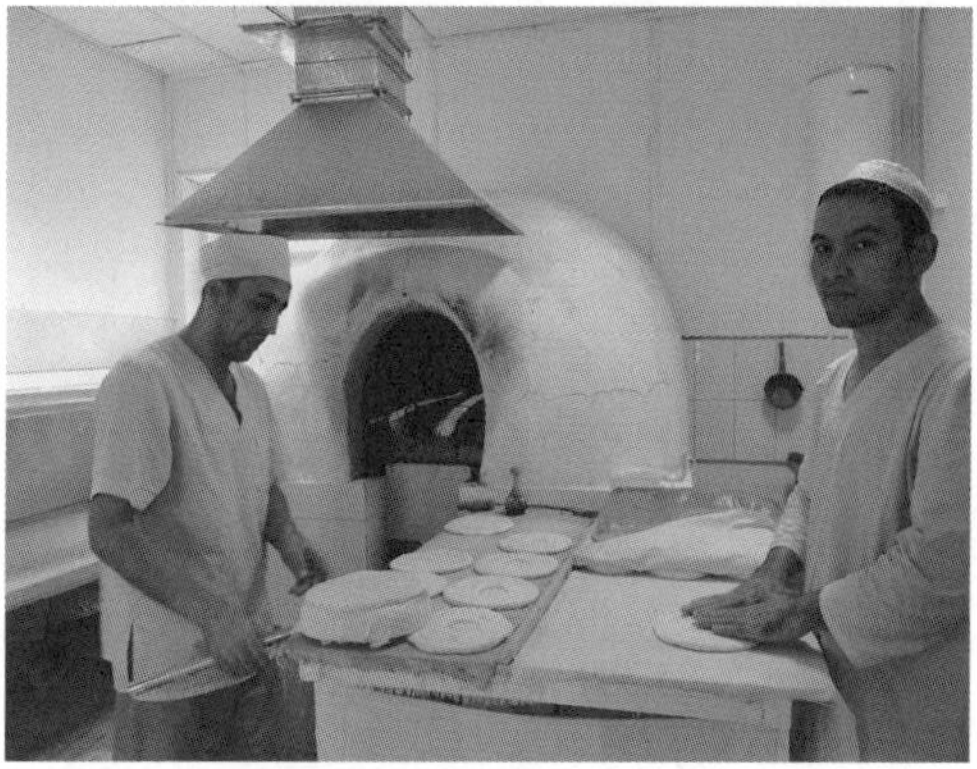

図Ⅱ-8-c：特製窯で焼くパン

ア人やブリヤート人と思われる客も頻繁に来店していることが分かりました。

食は異文化をつなぎ合わせます。食の安全・健康を届けるハラール食品店も、焼き立ての美味しいパンを提供するタジク・カフェも、イルクーツク市民からの厚い支持を得ています。つまり、共有価値を提供することで、ハラール食品店もタジク・カフェも、イルクーツク市民と移民をつなぐ共生の空間を形成していると言えるでしょう。もちろん、劣悪な労働環境、密輸・人身売買などの犯罪、排斥運動や襲撃事件といった暴力、移民子弟の教育問題など、様々な問題が山積していますが、共通価値が創造される場に着目することで、ロシアの共生社会の可能性が見えてくるのではないでしょうか。

（『うしとら』第六九号、二〇一六年六月掲載）

Ⅱ―9　負の歴史遺産と観光

東北アジア研究センター助教
金　賢貞

日本と韓国が歴史的に最も密接に関わり合ったのは、韓国（当時の朝鮮）が日本の植民地であった二〇世紀前半の日本統治時代（一九一〇～四五）であろう。日朝修好条規（一八七六）以降日本統治時代を通じて韓国各地には日本人によって数多くの建物が建てられた。これらの日本式建築物は、朝鮮の解放と大韓民国という政府樹立後も使われつづけた。

筆者のフィールドは韓国の群山《クンサン》、九龍浦《クリョンポ》、木浦《モクポ》などである。これらの地方都市は、二〇〇〇年代に入ってから当該地域に残る日本式建築物を保存し、観光資源化している点で共通する。日本式建築物は長い間、韓国の恥辱の歴史と評される「日帝強占期」（日本統治時代）の「残滓」と見なされた。そのため、当該建築物に代わる建物が新築できる経済力さえあれば、迷わず取り壊す、つまり恥辱の歴史の残滓を「清算」してしかるべきだとされた。そこで日本式建築物の歴史性や社会的・文化的価値は問題にならなかったのである。しかし、二〇〇一年登録文化財制度の成立によって日本式建築物は保存すべき歴史遺産の範疇に含まれただけでなく、文化財としてのお墨付きが与えられると、観光資源としての積極的な活用が図られるようになった。

韓国全羅北道に位置する群山市は、日本式建築物の保存・活用に軸足を置いた地域活性化を推進してきた。韓国の高度経済成長期に国土の開発政策から疎外された群山には、地元住民らから「凶物」と言われる日本式建築物が多く残存し、一掃すべき対象と見なされた。しかし、市内に放置されていた「旧日本第十八銀行群山支店」と「旧朝鮮銀行群山支店」の建物が二〇〇八年二月と七月に文化財登録されるとともに、同年一〇月には、韓国の文化体育観光部による近代産業遺産芸術創作ベルト造成事業に群山の近代文化中心都市造成事業が選ばれ、二〇〇九～一一年まで一〇〇億ウォン超の事業費の投じられる都市開発プロジェクトが始まった。群山が「近代文化中心都市」として名乗りを上げるのはこの時からである。

本プロジェクトの中心事業として三階建ての「群山近代歴史博物館」の建物が新築され、二〇一一年にオープンした。博物館のメーン展示場は三階の近代生活館である。注目されるのは、当時の暮らしを特徴づける明白なテーマである。当時の統治政府の群山府が「米の群山」と称するほどの朝鮮随一の米所群山における「収奪」という重くて暗い過去のテーマが展示物を通して描き出されている。当館の他に、二〇一三年に同時開館した「群山近代美術館」（旧日本第十八銀行群山支店の建物を使用）と「群山近代建築館」（旧朝鮮銀行群山支店の建物を使用）も、各々特色はあるが、やはり植民地群山の暗い過去がテーマとして通底している。

翻って、上述した展示施設から徒歩一〇～二〇分圏内にある「群山近代歴史体験空間」と名づけられたエリアに足を運ぶと、異様な風景が目に入る。

日本式家屋を復元した建物を使用するゲストハウス（図II－9－a）が二〇一三年にオープンし、「古友堂」と名づけられた。畳部屋の客室が好評であり、いつも宿泊客でいっぱいである。さらにその周辺にはうどん、とんかつなどの和食が食べられる食堂や「佐川」という名の付いた近代日本風のカフェ（図II－9－b）などが軒を連ねている。特に人気なのは、植民地期の和菓子屋から発展した「李

図II-9-a：ゲストハウス「古友堂」
（2014年3月筆者撮影）

図II-9-b：カフェ「佐川」
（2014年3月筆者撮影）

図Ⅱ-９-c：ゲストハウス「ヒノキ寝床《ジャム》」
（2018年９月筆者撮影）

盛堂」というパン屋で、名物のあんパンや野菜パンを求めて連日長蛇の列ができる。

近代文化中心都市群山には二つの日本がある。日帝強占期の日本と没歴史化した日本である。前者は公共展示施設や街中の案内板・解説板などが教えてくれる悪しき日本であり、後者は商業的に消費される日本である。現代韓国ではこの二つの日本が並置され、競合している。

群山では没歴史化した日本が消費者たちの支持を得て広がった（図Ⅱ－９－c）。しかし、日本と韓国との間で歴史問題をめぐる葛藤や対立が生じると、こうした日本を売りにする群山の地域活性化には厳しい目が向けられ、非難される。もともと「ジャパンタウン」のような異国的な街並みを強調する観光地開発を構想していた群山市は、次第に日帝強占期における日本と群山を前面に出すようになった。その結果として象徴的なのは、二〇一五年の「群山抗争館」（図Ⅱ－９－d）の開

図Ⅱ-９-ｄ：「群山抗争館」
（2018年９月筆者撮影）

館である。また、ゲストハウス古友堂の名前は「まだ忘れていない場所」を意味する「悆未廊」に付け替えられた。

資源として捉えられるようになった日本式建築物は、その意味づけや使い方をめぐって今なお緊張が続いている。悆未廊に宿泊してから「日本に行かなくても日本の宿に泊まったようでよかった」と評価する韓国人も多い一方で、「ちゃんと歴史の勉強はしているのか」と冷ややかな視線を送る人も少なくない。

二〇二一年六月一五日、日本政府は二〇一五年にユネスコの世界遺産に登録された「明治日本の産業革命遺産　製鉄・製鋼、造船、石炭産業」を説明する「産業遺産情報センター」を一般公開した。展示では元島民らに対するインタビューが紹介されているが、父が端島（軍艦島）炭鉱で働いたという在日韓国人二世の元島民の語りからは朝鮮半島出身の徴用工に対する差別はなかったという内容になっている。同日、韓国の外交部は駐韓国日本大使を呼んで、産業遺産情報センター＝日本政府は朝鮮半島出身者に対する強制労役の事実を歪曲して伝えていると抗議した。

二〇一五年当該世界遺産の登録をめぐり日本と韓国は対立した。しかし日本側が朝鮮半島出身の徴用工について一九四〇年代に「その意思に反して（against their will）」一部資産に連れてこられ、「厳しい環境で働かされた（forced to work under harsh conditions）」ことを述べ、「犠牲者を記憶にとどめるために適切な措置を説明戦略に盛り込む」と表明したことで、韓国は日本が「誠意を持って実行する」ことを信じて二〇一五年七月の世界遺産委員会で全会一致に加わった。

産業遺産情報センターが一般公開されてから韓国のメディアは「歴史を反省しない日本」、「約束不履行」などと見出しを付けて日本政府を非難している。そして、韓国の日本式建築物の保存・活用はこうした日本の対応へのアンチテーゼとしての性格を強め、戦略的に行われるようになっている。韓国で「日帝強占期の日本」を記憶する施設はこれからさらに増えてくるであろう。歴史遺産に対する眼差しは常に現在に根差しているからである。

（『うしとら』第六一号、二〇一四年六月掲載をもとに大幅に加筆修正）

Ⅱ－10 「傀儡国家」満洲国を思う

山田　勝芳

東北アジア研究センター教員生活の最後に工藤忠という人物に出会ってから、東北アジア近代史研究へと舵を切って八年余になり、最近は「工藤忠と満洲国」を考えている。満洲国はわずか一三年余りの短い国家であったが、中国史、日本史、ソ連史などが交錯する実に多様で複雑な諸問題があり、容易ではないという感を強くしている。

一九三一年九月一八日の柳條湖（溝）事件後、一一月に工藤忠とともに満洲に入った溥儀は一九三二年三月九日執政就任式に臨むが、その直前まで激動の中に居た。自分を元首として戴くことについて共和制、帝制の意見対立が激しく、彼自身も断固として共和制「大総統」を拒否し、工藤も小川平吉にこの溥儀の意向を電報で伝えた。結局、溥儀も共和制「執政」で妥協し、一年間の試験期間就任とした。しかしその内実は、三月六日湯崗子温泉で関東軍高級参謀板垣征四郎に提示され、溥儀が署名し花押を書いたいわゆる溥儀・本庄秘密協定（三月一〇日付）で政治・軍事・人事などの実権を関東軍に委任した如く、まさに傀儡国家そのものだった。この事情については関東軍参謀だった片倉衷のいくつかの文に詳しい。

元首となった溥儀は妻の婉容や家族及び多くの従者がいたので新京（長春）で住む場所が必要で

図II-10-a：「手槍執照」表面

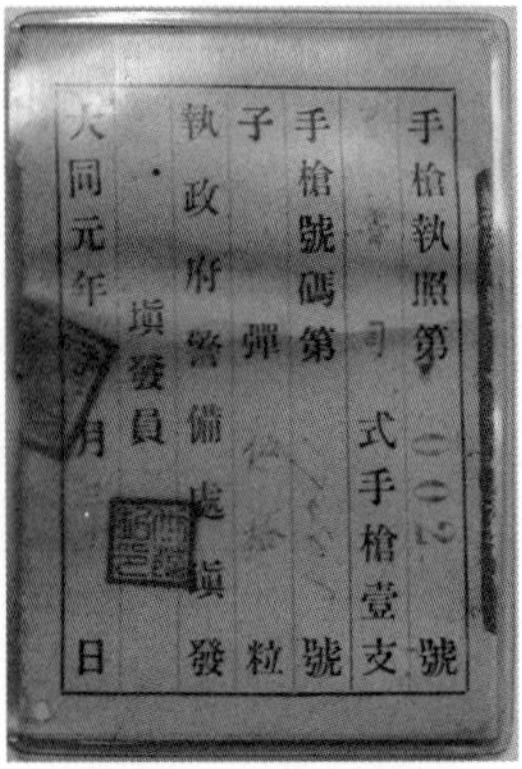

図II-10-b：同 裏面

あり、旧吉黒権運局を改修して住んだ。そこには執政の公的な機関である執政府とは別に、溥儀が私的に設置した内廷（司房、膳房など）もあった。工藤はこの執政府でまず侍従武官として勤務したのである。工藤はこの建国初期の資料を僅かだが残している。その一つが「手槍執照」（図II－10－a）である。表面に「侍従武官工藤忠」とあって「執政府警備処之印」を押し、裏面には「手槍執照第002号。普魯司式手槍壹支。手槍号碼第17408号。子弾伍拾粒。執政府警備処填発。填発員。大同元年五月三十一日」とあり、填発員世蔭の「世蔭私印」が押してある（斜印は判読が難しいが、「張海鵬印」か）。侍従武官として工藤は拳銃を五〇発の弾丸とともに支給されていた。これは工藤忠ご遺族所蔵で近年見出された貴重な資料であり、ここで初めて公開するものである。

溥儀は一九三四年三月一日念願の皇帝になった。一九三二年三月の「政府組織法」第四条では「執政ハ全人民之ヲ推挙ス」(日文)とあったが、一九三四年三月の「組織法」では第二条に「皇帝ノ尊厳ハ侵サルルコトナシ」(日文)とあっても「全人民」の推挙などはない。それをあけすけに言ったのが片倉衷である。関東防備軍参謀片倉は、一九四一年九月一五日新京日満軍人会館で講演し(国会図書館憲政資料室所蔵「満洲建国の回想」)、「満洲国の皇帝は其天命享受は日本天皇に依存し奉るといふことが第一であります」「どんなに識見が優れてゐても、日本天皇の思召に叶はぬ以上絶対に満洲国皇帝の御地位は無いといふのが日満間の天道であり」と、帝権授与者は天皇だと明言した。したがって関東軍将校たちが〝天皇に直隷した自分たちは皇帝の上位にある〟という意識をもっていたとしても不思議ではない。形の上で全人民の支えがあった執政から、全く日本に従属した皇帝へと、その傀儡国家の度合いは根源的にも強まった。そのような中で工藤忠は溥儀に忠誠を尽くし、戦後も東京裁判後に著書で「日本が溥儀を裏切った」と明言したのである。

(『うしとら』第六六号、二〇一五年一〇月掲載)

Ⅱ－11　戦国大名による学問のすすめ

東北アジア研究センター教授
磯部　彰

豊臣政権から徳川政権に移行する中で、所領を安堵された戦国大名家は数多く存在する。その戦国大名家の一部では、領地の石高に拘らず、とりわけて特徴的な書籍を保有した。それは、宋代に出版された宋版と呼ばれる書籍の所有である。明代社会では、宋版の書籍は権威の書となり、教養の根源と見られて、社会のリーダーであった士大夫あこがれの書籍となった。戦国を生き抜いた大名らも明国に倣い、家に宋版を一種、もしくは複数所蔵した。

豊臣氏の全国平定後、戦国大名は、家門の樹立のため、家系図を整え、系譜に相応した備えを始めた。その一つが、宋版の蒐集であった。当時、茶器の名品を蒐めることも流行したが、それは一種の芸ごとで、数寄者のなせるわざであった。これに対し、宋版などの唐渡りの書籍や絵画などを所有するのは、「大明の士大夫」の心得を知る文化人、学問の裏づけがある教養人の証とみなされた。

日本の戦国時代を舞台としたドラマを見ると、多くは武家の本領発揮とばかりに、戦場での命のやりとりを描き、炎上する天守閣をバックに物語や時代が転回して行くような構成になっている。その反面、伊達政宗や徳川家康などが幼少期に学問を修める場面を除けば、成人以降に書籍を読むような場面は滅多に出てこない。豊臣秀吉に到っては、全く書物の世界とは異次元に描かれるばかりである。最近の日本放送協会は、少しは真実を意識した台本で戦国美談を作り上げるようにはなっているが、やはり切った張った、或いは、忠君愛国的風情を中心に殺伐とした時代絵巻をくりひろげる。しかし、戦国大名は、いくさばかりではなく、書籍を蒐め、それより多くの知識や情報を手に入れて、激流の時代を波乗りしたふしがある。つまり、争いに勝つため、そして家門や和平を保つ手段は、軍備とともに書籍の蒐集と読破にあったと考えていたようである。その象徴が、宋版の蒐集であった。当時の読書は、いわゆる四書五経を読むことと思われがちであるが、それはいささか一面的な見方である。四書五経は儒教の根本的書籍であるが、本文のみでは儒学の教えは理解できないというのが、中国の士大夫の考えである。これは朝鮮王朝の儒者・文官なども同じである。中国や朝鮮の文人は官僚になるため、必死に儒学書や史書を暗誦した。その際、本文に付けられた注釈、更に注釈の注釈（これを疏《そ》という）を読み込み、書物全体を解釈していた。日本の戦国大名は、儒学者になろうとも思わなかったから、儒教の根本書である四書五経をすべて読むというわけではなく、むしろいくさに有用な孫子などの兵法書、占卜書などを禅僧や軍師からきびしく教え込まれていた。

朝鮮王朝では、両班、とりわけ武官より格が高い文官は、中国流の学問的素養が求められた。そのため、朝鮮版の漢籍の他、宋元や明から輸入した原本で学問を積んでいた。韓国の歴史ドラマに登場する王宮や両班の邸宅には、調度品として書棚に朝鮮本が置かれている。これは一面正しいが、一面ではやや不正確である。朝鮮本に比べてサイズの小さい宋版や明刊本などは大切な書物として両班の邸宅にはあったはずで、歴史に即するならばそれらも描き込む必要がある。

日本や韓国、中国は、かつて、それぞれ独自の、また共通する文化を持っていた。相互に相手の文化を理解することは難しいことではあるが、中途半端な形での理解にとどまる時、様々なあつれきを生む。

テレビドラマに描かれる書棚にある本の話でとどまればよいが、近隣が争うアジアの現状を見れば、現在・過去のすべての事象を正確に、かつ客観的に把握すべきであろう。文明には、文化という栄養は欠かせない。正確な知識、情報があってこそ永続する文明になるからである。

（『うしとら』第六八号、二〇一六年三月掲載）

追記

宋版本と戦国大名家―その後の研究

宋版は宋代に木版で印刷された書籍のことで、今日では五〇〇～六〇〇部ぐらいが残るに過ぎないと言われる。後の元版や明刊本、清刊本そして活字本のもとになる印刷物で、中国では最も権威のあるものである。中国では、宋版はすべて登録されている。そのため、骨董品でもあり、黄金よりも価格は高い。実はこの評価は明代の士大夫にあり、宋版を持つことはステータスシンボルであった。言わば、手にのるベンツである。

日本では、戦国末期、豊臣政権の武家精華制度の下で大名家の家格が確定しつつあった時、大名家が和書（古写本）とともに漢籍を蒐書する中で、宋版の持つ稀少性に注目するようになる。戦国大名は、五山僧を軍師や参謀として招へいしたり、子弟を入山させ、学問を修めさせたりした。その五山僧には、宋、或は元の国に留学して学んだ者、或いは、宋元版漢籍を輸入し、時に、それをリプリントして教科書とし、禅や中国文化を学んでいた。そのため、京都五山には、宋元版の漢籍、そのリプリント版（五山版）が多く存在した。戦国大名は五山僧とのつながりがあったから、宋元版を入手できたと推測される。

戦国大名以来の大名家に譜代格の武家を含めても、宋版もしくは元版の漢籍を持っていた家は、さほど多くはなかった。徳川将軍家や尾張家を除けば、宋版本は多くて三～四種、平均的には一～二種を所蔵するのみであった。その内容は、決して一様ではなく、尾張徳川家の名物宋版は漢方医学書、上杉家は史記などの歴史書、戸田家は新唐書（後印）、秋田家と阿部家はいずれも蘇東坡詩集、伊達家は真徳秀文集を所有していたが、宋版の儒学書を所蔵した大名家はほとんど見当らない（図Ⅱ－11－a）。つまり、儒学を幕府の根幹に据えた江戸時代、大名家では宋版の書籍は読むことはあっても、好んで読む本、或は、必読の書ではなく、武家にとっての家格を示す飾りであり、名門としての系図・経歴をバックアップするために備える武門の「たしなみ」の一つであった、と言える。

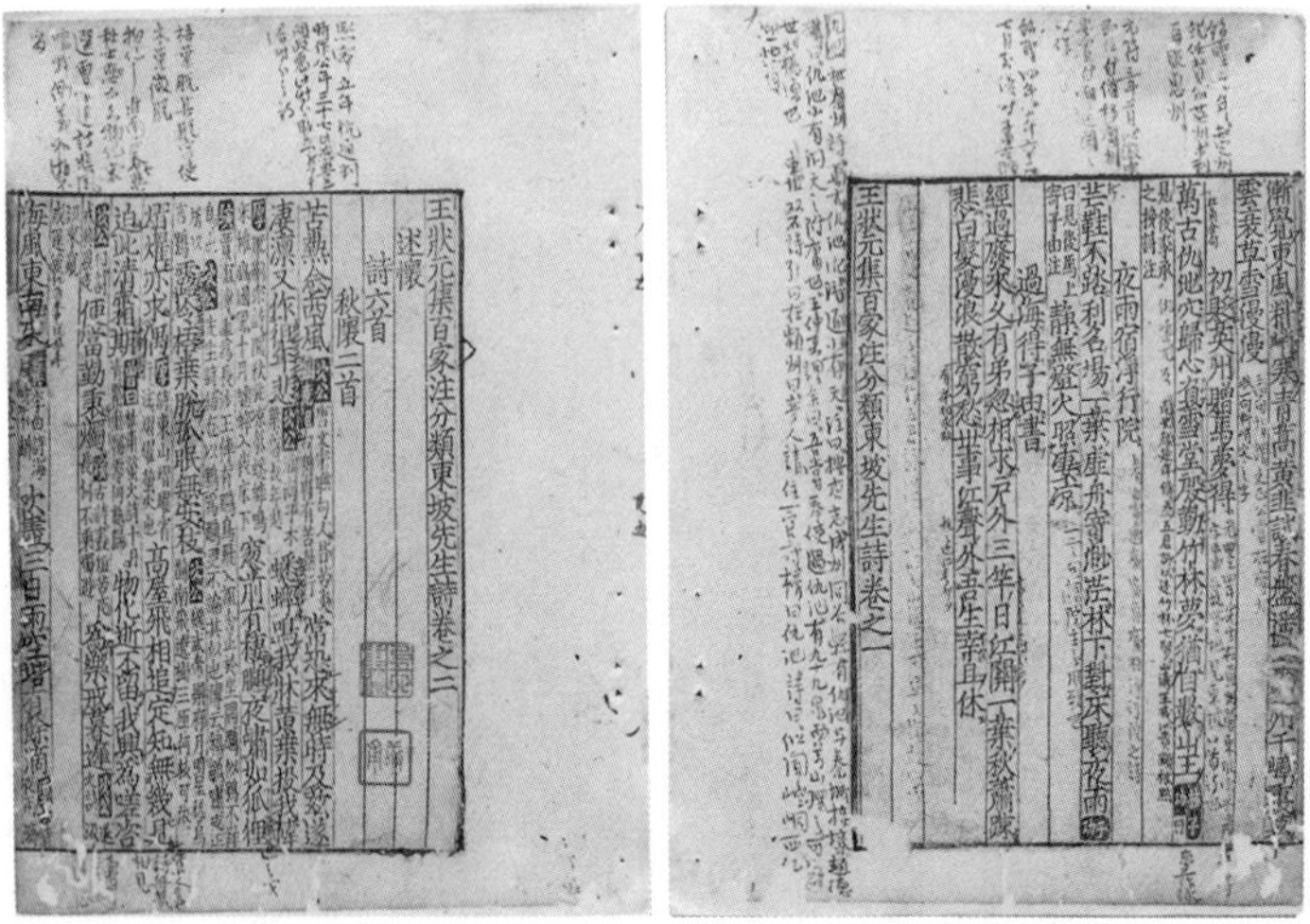
王狀元集百家注分類東坡先生詩巻之二
述懐
詩六首
秋懐二首

王狀元集百家注分類東坡先生詩巻之一

図 II - 11 - a：福山阿部家旧蔵『王状元集百家注分類東坡先生詩』
（東北大学附属図書館蔵）

コラム① モンゴルの創氏改名

東北アジア研究センター助教授
岡　洋樹

モンゴル人の名前は、親の名と本人の名からなり、親の名を姓（オボグ）と呼んでいる。例えばドルジーン・ゴムボという人であれば、ドルジが父親の名、ゴムボが本人の名前、「ーン」というのは「〜の」という語尾である。つまりドルジの（子供）ゴムボとなる。ところが事情を知らない外国人には姓、すなわち親の名で呼ばれてしまう。じつはモンゴル人は、もともと氏族の名前を持っていた。しかし二〇世紀はじめにはあまり使われなくなり、忘れられていたのである。そこで民主化後のモンゴル政府は、本来の姓、すなわち氏族名の復活を決定した。政府の依頼を受けたモンゴル科学アカデミー歴史研究所は、国内各地でオボグの分布を調査し、姓復活の手引き書を作成した。この政策により、氏族名の登録が進められた。その結果、現在モンゴル人は皆自分の姓を持っている。全く新しい姓を創る人々も多かった。モンゴル最初の宇宙飛行士で、国防大臣も務めたジュクデルデミディーン・グルラクチャー氏もその一人である。彼は、自分のもとの氏族名を知ってはいたが、実際に選んだ姓は「ヒアド・サンサル」だった。「ヒアド」はチンギスの氏族名、「サンサル」の意味は、ほかでもない「宇宙」である。

（『うしとら』第二号、一九九九年七月掲載をもとに加筆修正）

III. 歴史・言語・文化

III－1　モンゴルの文字史

東北アジア研究センター教授
栗林　均

モンゴル国のモンゴル語がロシア文字で表記されていることはよく知られている（図III－1－a）。これは、一九四六年に伝統的な縦書きのモンゴル文字に代わって採用されたもので、それに対して中国内のモンゴル族の間では、今も伝統的なモンゴル文字が使用されている（図III－1－b）。

ӨМНӨХ ҮГ

Аливаа үндэстэн ястан хүүхэд багачуудаа олон талын мэдлэг боловсролтой сайн хүн болгон хүмүүжүүлэхийг зорьж бүхий л оюун ухаан, эд баялгаа зориулдаг билээ. Хүн болох багаасаа, хүлэг болох унаганаасаа гэсэн монгол ардын цэцэн үг байдаг.

Хүүхэд багачууд та нарыг монгол улсынхаа тусгаар тогтнол, бүрэн эрхт байдлын төлөө, хүний эрх, эрх чөлөө, шударга ёс, эв нэгдлийг эрхэмлэн дээдэлж, төрт ёс, түүх, соёлынхоо уламжлалыг өвлөж байгаль орчноо нандигнан хайрлаж, хүн төрөлхтний соёл иргэншлийн ололтыг хүндэтгэн үзэж, эх орондоо хүмүүнлиг иргэний ардчилсан

図 III-1-a：モンゴル国のロシア文字表記モンゴル語：『児童百科事典』（ウランバートル、2003）の前書き。
上部中央はモンゴルの国旗にあるシンボルマークの「ソヨンボ」

図 III-1-b：中国内のモンゴル族が使用しているモンゴル文字：『蒙古学百科全書』（フフホト、2004）の前書き。
縦書きで、行は左から右へ進む。

ここでは、チンギス・ハーンの時代から現在に至るまで、多彩な変遷をたどってきた、モンゴル族の「文字の歴史」を概観してみたい。

■その前史 ― 解読進行中の契丹文字

中国の史書『遼史』によれば、契丹文字は契丹を統一した遼の太祖である耶律阿保機（ヤリツアボキ）が、九二〇年に創案した。しかし、肝心の「契丹文字」がいかなる文字であるかに関しては、中国の書物中に僅か数個の模写が見られたにすぎず、その実体は長い間不明であった。

一九二二年、ベルギーの宣教師ケルヴィンによって、遼の皇帝の陵墓が発見されるに及んで、契丹文字の研究にも大きな光が当てられるようになった。これは、現在の内蒙古自治区の興安嶺に近いワールイン・マンハ（白塔子）にある「慶陵」と呼ばれる遺跡で、ここから発見された遼の皇帝や皇后の石碑四基には、契丹文字で墓誌銘が記されていた。図Ⅲ－1－cに見るように、契丹文字は漢字に範をとって作られた文字であり、そこに記されていた契丹文字は延べ約三〇〇〇字にのぼる。

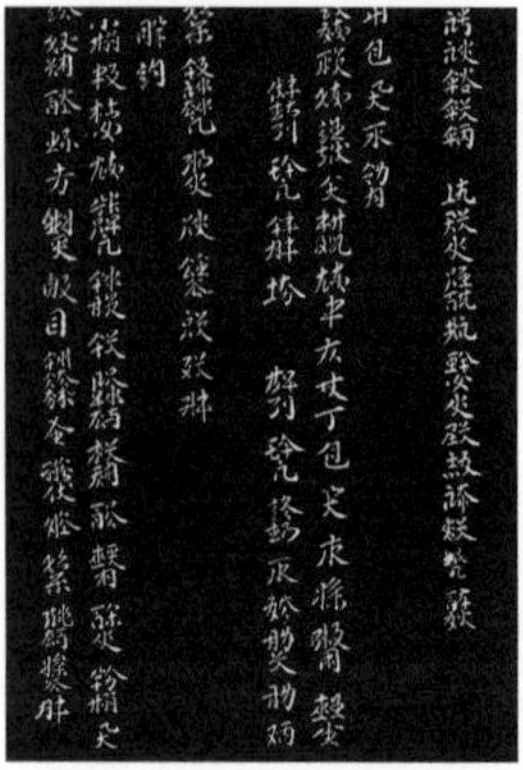

図Ⅲ-1-c：契丹文字の碑文拓本

以来今日まで、この文字をなんとかして解読しようという、各国の研究者による様々な研究が行われてきた。その中で真に解読の扉を開いたのは、一九七〇年代から始まった内蒙古大学の研究班の研究であり、現在一〇〇字以上の契丹文字の音と意味が解明されるに至っている。

解読された契丹文字の意味と音の結びつきをみると、基本的な数詞や十二支の動物、天体や親族名称など身の回りの基本的な名詞にモンゴル語と音の類似した語が散見されるのである。これによって、契丹語がモンゴル語と同じ系統に属するか、そうでなくても契丹族とモンゴル族が極めて緊密な関係をもって交流していたことが考えられる。

契丹文字の解読が更に進み、モンゴル語と同じ系統に属することが明らかになれば、モンゴル語の歴史はもう三〇〇年ほど時代を遡れることになる。契丹文字に関しては、最近の三〇年間に新しい資料が次々と発見され、研究は長足の進歩を遂げつつも、その解読作業は今現在もまさに進行中である。

図Ⅲ-1-d：チンギスの石（左）と、その碑文拓本（右）

■最古のモンゴル語碑文　―　チンギスの石

図Ⅲ-1-dは「チンギスの石」と呼ばれる石板とその碑面の拓本である。石板は高さ二メートル、巾六六センチ、厚さ二二センチの大きさで、表面には、モンゴル文字の最古の記録が刻まれている。

この石碑は一八一八年にロシアの研究者スパスキー

が東シベリアのネルチンスク付近で発見したもので、現在はサンクトペテルブルクのエルミタージュ美術館に保管されている。碑文が刻まれた年はチンギス・ハーンがサルトール（回教）の民に遠征して帰還した一二二四年、もしくは一二二五年とされる。

モンゴル文字は、縦書きで、行は左から右に進む。碑文の文章を行ごとに逐語訳すると、次のように読むことができる。

①チンギス・ハーンが
②サルトールの民を攻めて宿営し、全モンゴル国の
③諸候がボハ・ソジガイに会した時、
④イスンケは弓を射るに三三五尋（ひろ）
⑤に遠射せり

碑文の第一行目と第四行目が他の行より一段と高くなっているのは、それぞれチンギス・ハーンとイスンケという人物を敬ったもので、中でも一行目のチンギス・ハーンの方が格が上であることが分かる。

ここに出てくるイスンケは、チンギス・ハーンの甥にあたる。イスンケの父、すなわちチンギス・ハーンの弟のカサルも、後世に語り継がれる強弓の伝説をもっていた。一尋（モンゴル語で「アルダ」）は両手を広げた長さを基本にした単位で、慣習的にはおよそ一・六メートルとされる。これをそのまま三三五尋に換算すれば五三六メートルになる。この距離は、当時のモンゴル人にとって

も歴史に残る遠射として賞賛され、永久に記録されるべき偉業だったと思われる。

モンゴル文字で書かれた最古の記録が、弓の名手を称える文章だというのは、誠にモンゴルらしい話ではないか。

■二つの文字伝説　―　チンギス汗、文字を知る

モンゴル人はこの文字をウイグル人から借りた。ウイグル人たちはもともと、この文字をアラビア文字と同じように横書きで、右から左へ綴っていた。これがモンゴル語を写す際に、全体を左に九〇度回転して縦書きとなり、行の進行方向もそのまま左から右に進むようになった。

ウイグルの文字がモンゴルに伝わったいきさつについては、次のような言い伝えがある。

時は一二〇四年、当時まだテムジンと称していたチンギス・ハーンがタヤン・ハーンの率いるナイマン王国を討った時のことである…

「モンゴル族はタヤンの宰相でウイグル族出身のタタ・トンガが敗走しているのを捕え、彼が所持していた黄金の玉璽を得たが、彼はその保管役であった。テムジンは彼が面前に引き出されたのを見て、その器具を持ってどこへ行くのかと問うた。このウイグル人は、この印璽は自分の君主から委託されたものであって、これを相続すべき家族に手渡したいのだと答えた。テムジンはその忠誠を称賛し、ついでこの印璽の使述は何かと問うた。タタ・トンガは答えて、『わが主君は金銭または穀物を徴収するとか、自分の臣下のだれかに特許状を与えようと思うときにはいつでも、その真正

であることの証明としてその命令書にこの印璽を捺すのである』と述べた。テムジンはタタ・トンガにその監守を命じ、以後、自分の名義で使用することとした。また、テムジンはタタ・トンガをして自分の諸子にウイグル語およびウイグル文字、ならびにウイグル族の法制・慣習をも教えさせようとした。」（ドーソン『モンゴル帝国史』）

この伝承によれば、モンゴル族で最初に文字を習ったのはチンギス汗の諸子ということになる。タタ・トンガが護持していたのは、一体どのような印璽であろうか？　それを彷彿とさせるのは、モンゴル帝国の第三代皇帝グユク・ハーンの印璽である（図Ⅲ-1-e）。これは、一二四六年にグユク・ハーンからローマ法王イノセント四世に宛てて送られた書簡に押された印影である。

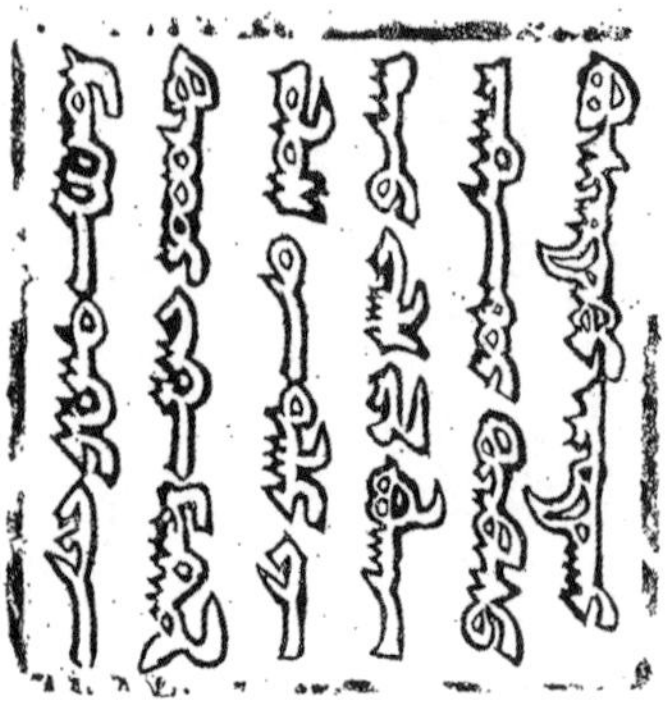

図Ⅲ-1-e：グユク・ハーンの印璽
（実寸は縦横14.5cm）

モンゴル語は、左の行から次のように読める。

①永遠なる天の
②力のもとに、大モンゴル
③国の大海なる
④ハーンの詔。異なる
⑤民に達すれば、
⑥信ずべし、恐るべし。

ちなみに、この書簡を届けたのは、当時中央アジアを往復した修道士のプラノ・カルピニである。

　これと並んで、モンゴルにはもう一つの文字伝説がある。それは後にパスパ文字を作ったパスパの伯父、チベットの仏教僧のサキャ・パンディタが文字を作ったという言い伝えである。

　これによれば、一三世紀の中頃、ゴダン王子の依頼でサキャ・パンディタがモンゴルに滞在していた時のことである。彼が文字を作ろうと夜通し瞑想にふけっていたところ、明けがた、皮なめし棒を肩に担いだ一人の婦人がやって来てパンディタに礼拝した。その皮なめし棒の形状に啓示を受けてモンゴル文字を作った、というのである。革なめし棒とは、皮革をなめすために鋸の歯のようなキザミ目の入った板で、その形がいかにもモンゴル文字のギザギザに似ているところから作られた伝説であろうが、後者の話は前者に比べると真実味に乏しい。

■「国字」の制作 ― パスパ文字

「およそ偉大な国家というものは独自の文字を持たなければならない。」こう考えたのは、二回の元寇で日本とも縁の深い、元の世祖すなわちフビライ・ハーンである。彼は、モンゴル語がウイグル文字を借りて書かれることに不満だった。思えば昔の遼(契丹)も、金(女真)も独自の文字を持っていた。今までは戦役に明け暮れて文字を作る暇もなかったが、今や文化興隆の時代である。

　一二六九年、フビライ汗はチベットのラマ僧パスパに「国字」の制作を命じた。パスパはチベット文字に範を取り、装飾文字にも似た角ばった文字を作り、これをもってハーンに献じた。これが制作者の名をもって呼ばれる「パスパ文字」である。また四角い文字の形状から「方形字」とも呼ばれている。チベット文字は左から右に綴る横書きであるが、パスパ文字は上から下へ、行はウイグル式モンゴル文字と同様、左から右に進む。文字は一音節ごとに区切って綴られる。

この新しい「国字」を普及させるべく、フビライ・ハーンは度重ねて詔勅を発したが、実情は形式的なところにとどまり、あまり徹底されなかったらしい。それで一三六八年に元朝が滅びるとともに、パスパ文字も人々の心の中から忘れ去られてしまった。パスパ文字が制作されてからちょうど一〇〇年、元朝とともに生まれ、ともに消えていった文字であった。

図III－1－f（帯写真下左）は、元朝の時代の駅站通行証である。モンゴル帝国の第二代皇帝オゴデイ・ハーンが帝国内の通行路を整備し、伝令の馬や食料の補給を行うために各地に站（駅）を置いたことは有名である。伝令は牌子（パイズ）と呼ばれる通行証を持ち、それによって自由に馬や食料、宿泊所を調達することができた。通行証は金、銀、青銅、鉄などの金属製で、形も円形や角の丸い長方形状のものが知られている。

図III-1-f：パスパ文字：元朝時代の駅逓通行手形。鉄製。直径 11.5cm。

写真の牌子は、鉄製で、直径一一・五センチの円形で、表面は金箔。五行のモンゴル語がパスパ文字で書かれていることから元朝時代のものであることが分かる。行は、モンゴル文字と同様に左から右に進む。記されているモンゴル語を行ごとに訳すと次のように読むことができる。

①永遠なる天
②の力のもとに
③ハーンの詔。誰ぞ
④信じざれば
⑤殺められるべし

■ウイグル文字の改良とオイラート文字

元朝の一〇〇年間にわたる、パスパ文字の「国字」としての支配にもかかわらず、ウイグル式モンゴル文字は、その後モンゴルの「民族文字」としてより広く用いられるようになった。

特に一六、一七世紀、モンゴルに仏教が浸透するに及んで、チベット語から多数の仏典が翻訳されてモンゴル文字で木版に印刻され、出版された。同時にモンゴル人自身も、この文字で多様な著作活動を行い、モンゴルの「仏教ルネサンス」と呼ばれる時代が到来する。

こうした動きに伴い、一三、一四世紀のウイグル式モンゴル文字も字形が整理され、書き言葉としてのモンゴル語の正書法や文法もより一貫した形に統一される。モンゴル文字の改良は、時代や地域によってさまざまな試みが伝えられるが、ここではそのうちの二つを紹介しよう。

一つは、ハラチン族出身のアヨーシ・グーシと呼ばれるラマ僧が、仏典を翻訳する際にモンゴル語に無い音を表記するために、モンゴル文字を変形したり、補助記号を加えたりして、新しい字形

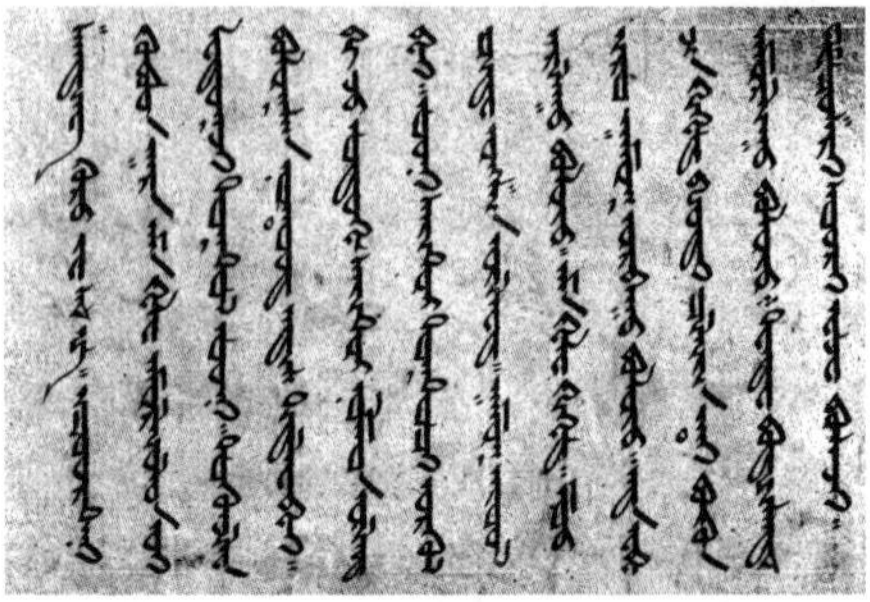

図Ⅲ-1-h：トド文字で書かれた写本。トド文字で書かれた文章語は「オイラート文語」と呼ばれる。

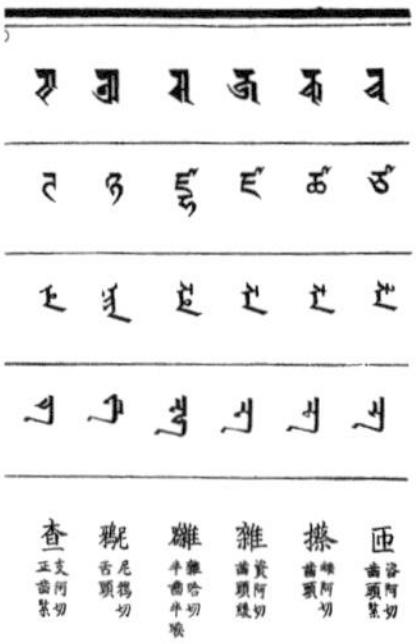

図Ⅲ-1-g：上の段から順に、梵字（サンスクリット）、チベット文字、満洲文字、モンゴル（アリガリ）文字、漢字。『同文韻統』より。

を付け加えた。一五八七年に制作された新しいモンゴル字母は、「アリガリ」文字と呼ばれる。

図Ⅲ－1－gは、印度の古代の仏典を表記している梵（サンスクリット）字の字母に合わせて、各種言語の文字表記を対照させた『同文韻統』という書物の一頁である。上の段から順に①梵字②チベット文字③満洲文字④モンゴル（アリガリ）文字⑤漢字によって、梵字に対応する音が示されている。

もう一つは、西モンゴルのオイラート族における仏教の布教のために、一六四八年にラマ僧ザヤ・パンディタが作成した文字で、「オイラート文字」或いは「トド文字」と呼ばれている（図Ⅲ－1－h）。

「トド」はモンゴル語で「明瞭な」を意味する。トド文字もモンゴル文字をもとにそれらを変形したり、補助記号を加えたりしたものであるが、当時の口語の発音を写すべく、原則として一音に一字があてられた。この文字は、モンゴル文字では区別されな

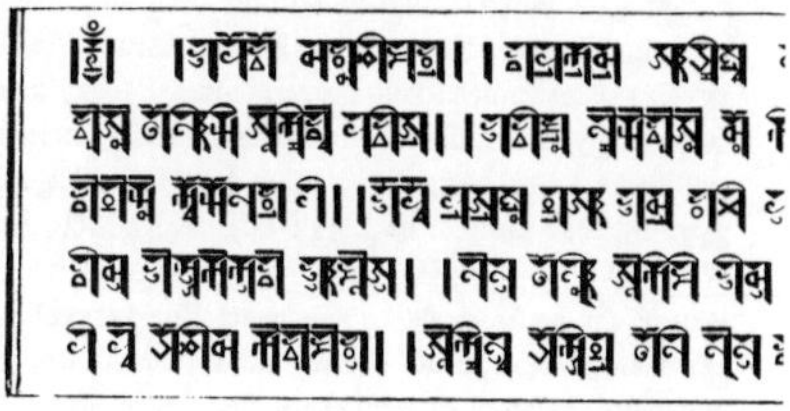

図III-1-i-1：ソヨンボ文字：最上段左端が文章の始まりを示す「ソヨンボ」記号。

図III-1-i-2：モンゴル国の国旗。「ソヨンボ」記号がシンボルマークとなっている。

かったoとu、öとü、tとd、gとkなどを字形によって区別したので、それまでの曖昧性が解消された。「明瞭な（トド）」文字と呼ばれた由縁である。

このほか、変り種としてはソヨンボ文字の存在が知られている。ソヨンボ文字は、一六八六年にハルハ（今のモンゴル国にあたる）のザナバザルというラマ僧によって梵字を手本に作られた（図III－1－i）。サンスクリット、チベット語と同様に横書きで左から右に書き進む。最上段左端は、文章の始まりを示す冠頭記号で、現在「ソヨンボ」と言えばこのシンボルマークを指すようになった。

■モンゴル語のラテン文字化

ロシア国内で、シベリアのバイカル湖付近に住むブリヤート族と、モンゴル高原のはるか西のカスピ海沿岸に住むカルムイク族は、モンゴル族と同じ系統に属する。つまり、ブリヤート語とカルムイク語は、モンゴル語と同じ起源の言語である。現在、ブリヤート語もカルムイク語も、モンゴル国と同様にキリル文字（＝ロシア文字）を使って自らの言語を表記している。ブリヤートとカルムイクでは、一九三〇年代末にキリル文字正書法が採用される前に、ラテン文字（ローマ字）アルファベットが採用されており、モンゴルでもラテン文字へ移行する党政府の決議が出され、準備が進められていた。図III－1－jは、一九三二年にレニングラードで出版された『モンゴル語教科書』の前書きで、ラテン文字でモンゴル語が表記されている。

　モンゴル諸語のラテン文字化の問題は一九二〇年代の末から討議され、数次の試案と会議を経た後、一九三一年一月のモスクワ会議に至って最終的な決定が下された。この会議では、ブリヤート語のラテン文字正書法が確定したのみならず、モンゴル人民共和国とカルムイク人の使用するラテン字母も統一された。モンゴル諸語だけでなく、ソ連内の中央アジアの諸言語も「ラテン文字化」に向かっていた。世界の社会主義革命をめざすソ連としては、万国共通のラテン文字（ローマ字）の普及を文化の革命として位置づけていたのである。

OROŞIL.

Mongol kelenii delgersen gazar oron maşi uudam jike baizi odoogiin Bygede Nairamdaka Mongol Arad Ulasiin nutag ba tyynii gadagşi neleed kolo garsan baina. Ene ky kele bol negenteegyyr Bygede Nairamdaka Mongol Arad Ulasiin arad temenii gol bolko kalka-mongoliin jaridag kele bolko begeed negeenteegyyr Dotoodo Mongol ba Barga kiigeed Kolbooto Ulasta bagtazi orson kizagaar muzidta nutaglan suugaa olon mongol obogton men le ene ky kelen deere kelelcene. Eng tyryynde Bygede Nairamdaka Mongol Arad Ulasiin arad temenii gol bolko kalka-mongoliin keleiigi mongol kele gezi nereledeg baina. Kalka-mongoliin keleni zebkin Bygede Nairamdaka Mongol Arad Ulasiin olon gazaruudta delgersen baizi, ene ky kelen deere jarilcadag kynii too zurgaa doloon zuun minga kyrene. Mongoliin feudal baa kubiskaliin uridaki yjiin daralan

図III－1－j：ラテン文字表記『モンゴル語教科書』（1932）の前書き

ラテン文字正書法は、カルムイクでは一九三七年まで、ブリヤートでは一九三八年まで実施されたあと、一斉にキリル文字へと移行した。「世界革命」から「一国社会主義」の路線に転じたソ連では、外部との交流を遮断してロシア文字によって内部のまとまりを固めることが重視されたのである。モンゴル人民共和国では一九三〇年代にラテン文字への移行が決定されていたが、実施に至っていなかった。そして、一九四〇年代にいよいよモンゴルで文字改革が現実の日程に上ったとき、すでにソ連圏の諸民族の流れはキリル文字（ロシア文字）へと移っていたのである。

モンゴル人民共和国がキリル文字へと移行した後、中国の内蒙古自治区でも一九五〇年代にキリル文字正書法を採用する決定がなされたことがある。

図Ⅲ－１－ｋは、内モンゴルで出版されたキリル文字表記のモンゴル語図書目録の表紙で、出版は一九五六年一〇月とある。目録の中には教科書、読本四〇点が掲載されている。そのうち二一点はキリル文字だけの表記、一六点はキリル文字とモンゴル文字の対照表記、一点はキリル文字と漢語（漢字）の対照表記、残りの二点はキリル文字の掛図（アルファベット表）とある。

図Ⅲ-１-ｋ：『モンゴル文字出版図書紹介目録』（1956）：内モンゴルでキリル文字で出版された図書目録

中ソ一枚岩の時代には、モンゴル人民共

和国と内モンゴルの間でも互いの結びつきと共通性が追求されていたものである。

しかし、国家間の対立が表面化し、激化するにしたがって内モンゴルにおけるキリル文字化の動きは消滅し、互いの差異が強調されることとなった。

文字の命運もまた政治と権力の力学の中に置かれている。

（『うしとら』第四八号、二〇一一年三月掲載）

追記

「モンゴル語のラテン文字化」に関連して、次の拙稿はモンゴル人民共和国における一九三〇年代のラテン文字化運動が一九四〇年代にキリル文字正書法へと転換してゆく過程を詳らかにしたものである：栗林均「モンゴル人民共和国における文字政策の転換点―ラテン文字からキリル文字へ―」『モンゴルの環境と変容する社会』東北大学東北アジア研究センター、二〇〇七年、一九九―二二七頁。

Ⅲ－２　モンゴル語辞典とインターネット

東北アジア研究センター教授
栗林　均

図 III - 2 - a：Web 版蒙漢詞典
http://hkuri.cneas.tohoku.ac.jp/p01/

東北アジア研究センターと中国の内蒙古大学蒙古学学院は、二〇〇八年に学術協定を締結して以来、「『蒙漢詞典』の電子化に関する共同研究」を行ってきた。これは、一九九九年に内蒙古大学出版社から出版されたモンゴル語・中国語辞典『蒙漢詞典 増訂本』をパソコンやインターネットで利用できるように電子辞書化するプロジェクトである。共同研究の成果として、現在センターのホームページにはインターネットで「だれでも・いつでも・どこでも」利用することができる「Ｗｅｂ版蒙漢詞典」が公開されている。（図Ⅲ－２－ａ）

「Ｗｅｂ版蒙漢詞典」の元となった『蒙漢詞典』は、中国内のモンゴル族が使用する現代モンゴル語の標準的な辞典として定評がある。収録語数は主見出し語と熟語を合わせて五万三〇〇〇以上の項目を含む大型辞典で、一九七六年に初版が出版されて以来、収録語彙の豊富さと、信頼性の高い内容によって現代モンゴル語の書き言葉の規範としての地位を確立してきた。一九九九年には、初版の内容を改訂・増補した「増訂本」が出版され、新たにすべての見出し語に発音記号で標準語の発音が付された。（図Ⅲ－2－b）

図 III - 2 - b：『蒙漢詞典 増訂本』
（内蒙古大学出版社、1999）

モンゴル語の書き言葉は一三世紀以来の綴りが基本的に継承されており、それは現代のどの口語（方言）の発音とも大きく異なっている。モンゴル語の学習者は、綴りと発音を別々に覚えなければならないので、単語の発音を辞書で知ることができる恩恵は計り知れない。また、中国内のモンゴル語は多くの方言からなり、方言間の差異も大きい。モンゴル語の標準音（標準語の発音）が制定されたのは一九七九年になってからのことであるが、現在も普及が進んでいるとは言い難い。『蒙漢詞典』の見出し語に発音が付されたことは、口語の規範として標準音の拠り所が示されることとなった。

「Ｗｅｂ版蒙漢詞典」では、『蒙漢詞典 増訂本』のすべての情報を電子化テキストとして利用することができる。InternetExplorer やFirefox などのＷｅｂブラウザ上で動作するので、パソコンがインターネットに接続されているだけで使うことができる。検索窓でキーボードのキーを押せば、自動的にモンゴル文

大学出版部協会特別指定新刊図書

出版部名	東北大学出版会

番線・書店		
トーハン 07S37 大分市日本文理大学ブックセンター 31-87401	書名	東北アジア学術読本 9 東北アジアの自然と文化 2 東北大学東北アジア研究センター
		ISBN 978-4-86163-373-7 C3300
		部数 1部　　版元返品了解済商品（必ずこの青短冊を書籍に挟み返品して下さい）
	納入先	日本文理大学図書館

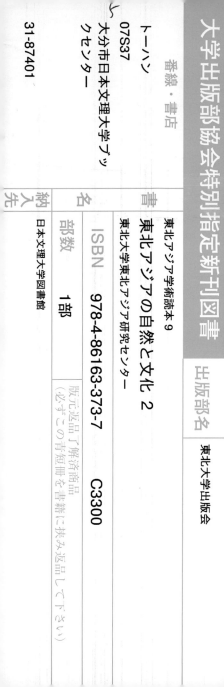

字に変換され、モンゴル文字でモンゴル語を検索し、その結果が表示される。

電子辞書の利点を生かして、単語の「前方一致」「後方一致」「部分一致」といった検索方式が提供されている。「全文検索」では、中国語の訳語やモンゴル語の用例も含めて辞書の本文をまるごと検索することができる。

「あいまい検索」は、文字の正しい読み方が分からなくても単語が検索できる機能である。モンゴル文字には、字形が同じで複数の音を表す文字が多い。たとえば、子音字のｔとｄは同じ形であり、ｋとｇも同じ形である。同様に母音字のｏとｕが同じ形で、öとüも同じ形である。綴りを見ただけでは文字の区別ができないという学習者泣かせの文字ではある。

これはモンゴル人にとっても悩みの種のようで、標準音を習得していない多くのモンゴル人にとっては、これらの区別が難しく、辞書を引くのも容易でない。「あいまい検索」では、どちらの文字で検索しても両方の文字がヒットする。正しい読み方が分からなくても、とりあえずいずれかの文字で検索すれば、その字形をもつすべての単語が表示されるので、その中から目指す単語を見つければよい。

「Ｗｅｂ版蒙漢詞典」には紙の辞書にない音声データが付加された。主見出し語約二万六〇〇〇語のすべてに対して標準音の録音データを登録して、発音記号欄のアイコンをクリックすると単語の発音が再生される。発音記号は一般の利用者にはなじみが薄いと思われることから、発音を直接耳で聞くことができるようにしたものである。

このように、「Ｗｅｂ版蒙漢詞典」はモンゴル語の学習者・研究者だけでなく、中国内のモンゴル語使用者が便利に利用できることを目指している。

（『うしとら』第七一号、二〇一六年一二月掲載）

追記

「Ｗｅｂ版蒙漢辞典」は二〇一五年一月に東北アジア研究センターのサーバーで公開して以来、修正と改良と重ね、二〇二二年現在も、東北アジア研究センターの研究データベース「モンゴル諸語と満洲文語の資料検索システム」（http://hkuri.cneas.tohoku.ac.jp）の一部として稼働を続け、利用者の便に供されている。

「モンゴル諸語と満洲文語の資料検索システム」は、モンゴル語系の諸言語と満洲文語の辞典類三〇種類以上と、モンゴル語や満洲文語の文献資料一〇種類以上を登録して、辞書検索と資料の全文検索が出来る汎用データベースとなっている。「Ｗｅｂ版蒙漢辞典」はその中で最初に制作され、その後の辞書検索システムにとってパイロット的な役割を果たした。

なお、「モンゴル諸語と満洲文語の資料検索システム」は二〇二〇年一〇月にThe Digital OrientalistのEditor's Choiceとして紹介されている。（https://digitalorientalist.com/2020/10/2/）

Ⅲ－3　モンゴル社会における仏教の歴史的影響について

東北アジア研究センター客員教授
モンゴル国立教育大学教授
ライハンスレン・アルタンザヤー

二〇世紀以前のモンゴル社会は、北アジアや中央アジアにみられる遊牧民の社会の特徴をもっていました。東北アジアの国々の中では、日本の歴史にだけ、軍事的な藩の統治制度がありましたが、モンゴルの伝統的社会もこれと似た形をしていました。一七世紀から二〇世紀はじめのモンゴルの歴史は、満洲人に支配された時代といわれます。この時代、モンゴルには盟とか旗という軍事的な形をもった行政組織が再び作られるとともに、その下で、既に存在していた仏教の僧侶が率いる半封建的な制度が確立したと考えられています。しかしこのような考え方は、モンゴル諸地方の社会の状態を充分に反映したものであるかどうか、さらなる検討が必要です。ここでは、今日のモンゴル国の領域の大半を含んでいた、一七～二〇世紀はじめのハルハ部の社会における仏教寺院（図Ⅲ－3－a）の影響について、簡単に紹介したいと思います。

モンゴルのハーンや貴族たちは、元朝の時代にチベット仏教を保護していた伝統を復活させ、一六～一七世紀にチベットの高位のラマたちに、ダライ・ラマ、バンチェン・ホトクトの称号を奉り、

図 III - 3 - a：モンゴルの仏教寺院内部

様々な保護を与えました。後に彼らの転生者は、北アジア遊牧民の政治制度の特徴の一部を受け継いだ満洲皇帝の支持も獲得し、清朝におけるチベット・モンゴルの仏教指導者となったのです。これによってモンゴルの社会にはラマという新しい階層が現れました（図III－3－b）。ハルハ部に一六三九年に現れたトシェート・ハーンの子ジェブツンダムバ・ホトクトは、ハルハのハーンや貴族ばかりでなく、満洲皇帝の支持をも得たことで、ダライ・ラマ、バンチェン・ホトクトに次ぐ高位のラマとなったのです。モンゴルの活仏ラマたちは、古代の印度やチベットのラマたちが転生した化身とされました。こういった高位のラマたちは、シャビ（「沙弥」弟子の意）と呼ばれる属民を持っていましたが、この制度は一七世紀に満洲の支配下に入る前にすでに出来上がっていました。

シャビナル（シャビの複数形）には二種類の人々が

図 III-3-b：モンゴルのラマ僧たち

いました。ひとつは「黄色いシャビ」といわれる活仏の寺院のラマたちです。もうひとつは、「黒いシャビ」といわれる世俗の生活を営む人々でした。一七世紀後半になると、ジェブツンダムバ・ホトクトは政治でも大きな影響力をもつようになり、ハルハの他の活仏たちの長となり、ハルハ地方の他のハーンや貴族たちとともに、ザサクト・ハーンの称号授与に参加するほどでした。ハルハの貴族たちが寄進したラマや世俗のシャビナルは、ハルハ地方全土どこでも自由に暮らす権利を認められました。これもあってシャビの数は増加していき、世俗の貴族が率いる行政単位である旗（ホショー）とならんで、活仏ラマたちがひきいるシャビナルという新しい社会階層が生み出されたのです。

しかしモンゴルの貴族たちは、どうして一族の中から活仏を転生させていたのでしょうか。ジェブツンダムバ・ホトクト以外にも、ハルハ地方にはたくさんの活仏がいましたが、ザヤ・バンディダ・ホトクトもその一人でした。その一世は、サイン・ノヤンという貴族でした。彼はチベットを訪れた際に、チベット仏教の中の黄帽派と紅帽派の宗派対立で黄帽派を助けたことから、黄帽派のダライ・ラマ、バンチェン・ラマから「無苦の法王フンドゥレン・ツォーフル」という称号と銀の印を授けられました。サイン・ノヤンの子ダンザン・ラマは、満洲の皇帝からハルハの八人のザサグ(日本でいえば藩主にあたる)の一人に任ぜられました。サイン・ノヤンの転生ザヤ・バンディダとして認定され、貴族（ノヤン）の化身だったことから、「ノヤン・ホトクト」（貴族の活仏）と呼ばれたばかりでなく、チベットのバンチェン・ホトクトから、そのお寺であるタシルンポ寺の中に寺廟と領民、耕地が与えられました。ハルハの貴族たちも、彼に属民の一部をシャビナルとして捧呈しました。このように、チンギス・ハーンの末裔であるハルハの貴族たちが、自分の家から活仏を転生させたことは、彼らの権力基盤を固めることになりましたし、チベット仏教会の有力者の利益とも結びついていました。満洲の皇帝も、彼らの権利を認めて保証を与えました。一六九一年に満洲の皇帝は、ザヤ・バンディダ・ホトクトの領民を、佐領と呼ばれる軍事行政単位に編成することなく、兵役などの義務を免除しました。同様の措置は、ジェブツンダムバ・ホトクトやエルデネ・バンディダ・ホトクトのシャビナルにも適用されました。

一七〇九年以後、ハルハでは貴族達が会議を開いて、お互いの関係を調整するための法律を定めましたが、これにはジェブツンダムバ・ホトクトのシャビナルを管理する役職であるエルデネ・シャンゾドバも参加していました。彼は一七二三年に満洲の皇帝から印璽を授かったとされていますが、一七一六年の史料を見てみますと、すでに当時エルデネ・シャンゾドバは、シャビに関わる案件で印璽を押した文書を旗とやりとりしていました。ジェブツンダムバ・ホトクトにシャビナルを与えた文書には、篆書体チベット文字で「バルドルジ・ハーンの印」と書かれたトシェート・ハーンの印璽が用いられていました。つまり一七二三年に満洲の皇帝がエルデネ・シャンゾドバに印璽を与えたのは、それまでハルハの貴族と仏教寺院が印璽を用いていた習慣を受け継いだものでした。

それでは、ジェブツンダムバ・ホトクト以外の活仏のシャビナルの統治はどうしていたのでしょうか。清がモンゴル統治のために編纂した法律書である『理藩院則例』には、「ジェブツンダムバ・ホトクトのシャンゾドバ、青海のチャガーン・ノモンハン、シレート・フレーのザサグ・ラマはみな盗賊を捕縛する（治安を維持するという意）責任をもつ」と定められています。これらの活仏は、ハルハの四人の活仏とともに、「遊牧ラマ部落」といわれています。また他の活仏は「辺外の諸ホトクト」とも記されています。これらの幾人かの活仏たちの領民は、一般の貴族が率いる行政単位である旗とは統属関係を持たず、領民を管理する印璽を満洲の皇帝から授けられていたばかりでなく、義務免除の特権が与えられていたのです。それもあってハルハ地方では寺院のラマの数が増えていき、寺院専属の領民シャビナルを持つようになっていきました。ただ、これには例外もありました。ハルハ南部のゴビ地方にいたノヤン・ホトクト（前出のノヤン・ホトクトとは別人）のシャビナルは、他とは異なる独特の形をもっていました。一七五九年、乾隆帝の命令で、シャビに一佐領分の義務が課されました。佐領というのは、一般の旗に置かれていた、兵役などの義務を負担する組織です。また一七六〇年に印璽が授けられたものの、一七九四年にはこれが廃止されました。このように一八世紀には、旗に相当する権利をもつ活仏のシャビの形式は併存していましたが、一九世紀以後「印璽をもつ活仏のシャビナル」の形式が主要なものとなりました。ただ「印璽をもつ活仏のシャビナル」という呼称は、満洲の皇帝が活仏たちに与えたシャビを管理する印璽の刻文及び後にボグド・ハーン制モンゴル国の時代の史料の中のハルハの活仏たちに関する記事に由来しています。シャビナルの増加は、一八～一九世紀にハルハの仏教の中心であったジェブツンダムバ・ホトクトの寺院フレーをさらに発展させる条件の一つでした。ハルハの印璽をもつ活仏たちのシャビナルは、一九一八年にはモンゴル国のハルハ四部の人口の二三％を占めるに至りました。この印璽をもつ活仏のシャビナルは、一九二一年の人民革命の後、一九二五年に廃止されて一般の旗と統合され、地方行政は刷新されたのでした。

以上をまとめると、一七～二〇世紀初頭の時期のハルハには、宗教面で蔵、蔵満、満蔵のさまざまな影響関係の下で、チベットにおける仏教の社会モデルとは異なる形式が現れました。ハルハの社会には、部・旗と生産面で密接な関係のある印璽をもつ活仏のシャビナルという新しい階層が生まれました。これは当時の体制の変化の一要因となり、時期によって異なる役割を果たしたことを、詳細に研究すべきだと考えています。

すなわち、一八二二年に満洲の政府がモンゴル地方のラマたちに対して法律を定め、一八三四年にダライ・ラマ、バンチェン・エルデニをチベットの黄帽派仏教布教の根本とする一方で、ジェブツンダムバ・ホトクトには最初に服属した功績に対して特権を与えました。チャンキャ・ホトクトをはじめとする八人の活仏は、首都北京に住む掌印活仏とし、その他の者は各地の活仏、ノモン・ハン（法王）、バンディダ・ハムバ、ツォルジなどと序列化しました。

ジェブツンダムバ・ホトクトのシャビナルの統治組織、学堂、経営は成熟していき、一九世紀後半からモンゴルの他の部・旗の寺院にもより大きな影響を与えるようになりました。これは旗の狭い利益を超えて、より広い範囲を包括していた仏教の文化的特徴によるものです。モンゴル社会においては、旗の貴族と属民の関係が基本でしたが、分散的傾向がありました。これに対して、ホトクトとシャビの関係は副次的なものではあっても統合傾向がありました。その影響により、軍事的統治の役割もそのまま保持されたのでした。

一九一一年、モンゴル人はジェブツンダムバ・ホトクトをモンゴル国の宗教と政治を併せ治める聖なるハーンに推戴しました。これはチンギス・ハーンの黄金氏族の大モンゴルと、普遍的な仏教思想を信じる者の関心の現れでした。

（『うしとら』第五七号、二〇一三年六月掲載をもとに加筆修正）

Ⅲ―4　東北アジアの遊牧民

東北アジア研究センター教授
岡　洋樹

古来、東北アジアの内陸部には遊牧民の世界がありました。遊牧民とは、羊・山羊・牛・馬・らくだなど、群れをつくる習性のある動物を、去勢技術などを用いて群れごと管理し、季節的な移動を繰り返しながら放牧し、乳・肉・皮・毛などを得る生産の様式です（図Ⅲ―4―a）。前近代においては、彼らの騎馬技術は大きな軍事力となりました。チンギス・ハンの征服活動に見られるように、彼らはアジアの歴史に巨大な足跡を残しました。その生活と技術は、今もモンゴル人などの社会で受け継がれています。遊牧の文化を持ち、あるいはかつて持っていた人々にとって、遊牧は彼らの歴史的な存在の証、アイデンティティーの象徴になります。

近代になると、遊牧は、農耕よりも遅れた段階の生産様式だとする歴史観が支配的になり、遊牧民を定着させて定着牧畜や農耕を営ませる政策が採られたこともあって、次第に遊牧民の数は減っていきました。しかしかつて遊牧民だった人々にとって、畑が広がる田園風景は、自分の居場所ではないように感じられるのです。現代では土地は財産です。しかしそれは土地を所有するという観念があればの話です。モンゴルでは土地のことを「ガザル」と言います。しかしただの土地自体には

図 III-4-a：モンゴルの遊牧民

図 III-4-b：モンゴルの草原

余り意味はありません。モンゴル人にとっての土地は、「ノタグ」、つまり牧地としてはじめて意味を持ちます（図III－4－b）。「我がふるさと」に当たる言葉は「我がノタグ」であって、けっして「我がガザル」ではないのです。もともと牧地を共同で利用してきた遊牧民にとって、狭く区画された土地（ガザル）に価値を見いだすというのは、それまでの生活を根っこから変えることを意味します。

今モンゴルの首都ウラーンバートル近郊に行くと、広い草原が少しずつ塀や柵で仕切られている様子が見られます。これはモンゴル政府が、土地を個人の資産として所有することを認めたためです。一望千里の草原に小さな土地を囲いこむ四角い柵というのは、どうにも異様な光景です。ただ遊牧生産を基幹産業の一つとするモンゴルでは、都市部以外では放牧地の所有は認められていません。定着農耕文化に起源をもつ現代の産業文明は、遊牧民にも多くの恩恵をもたらしました。しかし現代の文明には、彼らの生活とどうにも折り合わない要素が含まれているのです。モンゴル国のモンゴル人にとって、国の発展のために遊牧をやめるのも、自分で選ぶことのできる選択肢ではありります。しかしその場合でも、遊牧という自由な生活のあり方が、彼らのアイデンティティーの根っこに残っていくことは確かなように思われます。

（『うしとら』第六二号、二〇一四年九月掲載）

Ⅲ－5　モンゴルの草原でひたすら馬乳酒を飲んだ旅

東北アジア研究センター教授
高倉　浩樹

天幕ゲルの扉付近の壁には、牛革製の袋のような馬乳酒容器フフール（khökhüür）があった。約一〇〇リットルが入り、その口には撹拌棒が突っ込んである。風呂を掻き回す要領で四～五分右腕を動かし、疲れたら左腕で続ける。家族の誰かがゲルに入ってくる度にこれが繰り返された。一万回撹拌すると美味しい馬乳酒ができるという。

モンゴルの遊牧キャンプを初めて訪問した私にとって強い印象となった光景である。二〇一四年九月初旬、東北アジア研究センターがモンゴル科学アカデミー歴史学研究所など蒙・中・露の三組織と共同開催した国際会議に参加するためにウランバートルを訪れた。歴史研究所所長で、東北アジア研の客員教授を務めたチョローン先生がホストだったこともあり、都市から近い遊牧地に行きたいと頼んだところ、彼の故郷に行くこととなった。同行したのは、チョローンさん、滋賀大学のブレンサインさん、同僚の岡洋樹さん、彼の大学院生で私の通訳でもあった堀内香里さんだった。二泊三日の滞在だったが、シベリアの牧畜研究をしている私にとっては興味深く、多くを学べた旅となった。

図III - 5 - a：客として訪問したゲルで銀皿をもつ筆者（真ん中）と脇に立つ堀内さん。天幕の柱や調度品が美しいのが印象的だった。

遊牧キャンプの景観

滞在したのはウランバートルから南東一〇〇キロほど離れたイフ・ツァガーン（ikh tsagaan）と呼ばれる草原。「大きな白」という意味で、近くに同じ名前の泉があるという。滞在した遊牧キャンプには二つのゲルがあった。一つは台所であり、もう一つは寝室用だった。寝室用は新しく、客間としても用いられており、我々はここに宿泊させてもらった。

天幕に入ると扉を背にして右手と左手に木製のベット＝ソファがあり、真ん中はストーブとテーブル、一番奥には祭壇があり、仏画や家族の写真、それと馬の焼き印を付けるための金属製のタムガが飾ってあった。祭壇や建具、屋根を支える柱の飾り付けは黄色に白地の伝統的な模様で統一されていたこともあって、これまで自分が調査してきたシベリアの遊牧民と比べると、まるで博物館の展示がその

図Ⅲ-５-ｂ：宿営地付近につれてこられた馬群。地面の縄がゼルである。

まま現存しているようだと思った。（図Ⅲ－５－ａ）

馬の搾乳

馬の搾乳は、夏には一時間ごとに、秋は二時間ごとに行うという。滞在した時期は秋の区分にあり、九時から夕方六時頃まで実施された。朝になると、牧夫は宿営地周辺に放たれている馬群を追い立ててきて、天幕付近で子馬を捕まえる。草原なので樹木などなく、地面に杭を二つ打ち、その間を縄で結ぶことでゼル（zel）とよばれる駒繋ぎをつくる。子馬が繋がれると、母親はその場を離れない。夕方、搾乳が終わると子馬と共に放たれ草を食みに去っていく。

搾乳は駒繋ぎから離した子馬を一頭ずつ母親の元に連れていき、最初に子馬に乳を飲ませ、乳腺を開かせた後に、人が横取りするように搾乳する。この間の時間は極めて短く、一分半ほど。母馬近くに移動、三〇秒ぐらい乳を飲ませると三〇秒ぐらい人が搾乳し、元に戻す。一頭からは三五〇ミリリットルほど乳を確保する。子馬は二五頭おり、私が観察した時には一日に五度搾乳したので、計算上四四リットル確保した。これがすべて馬乳酒となる。この家では馬乳酒は販売していない。すべて自家消費用だという。町に住んでいる家族や友人知人にもあげて使い切るのだという。（図Ⅲ－5－b）

生活のなかの馬乳酒

馬乳酒アイラク（airag）はホルスという名の木の根から刳り出して作った器を使って飲む。チョローンさんが遊牧をしていた子ども時代、夏は馬乳酒が主要な食料で、そのため白い便がでるほどだったという。確かに、今回の滞在でも馬乳酒を呑む量は半端ではなかった。小さめのどんぶり程の大きさになみなみと注がれる。朝食から寝るまで、ちょっとゲルに座れば供されるという具合だった。

馬乳酒は社交の場でも当然飲まれる。遊牧キャンプに到着した夜は、蝋燭を立てた天幕のなかで男性二人が向き合い、歌いながら最後にモンゴル式じゃんけんをして負けた方が飲むという遊びもあった。またこれは私自身の体験だが、客に訪れた別の天幕では二リットルの銀の器に馬乳酒が注がれた。それだけならまだしも、別にウオッカが出され、それと並行して両方飲み続け、馬乳酒を空にした後は意識が翔んだ。

馬乳酒に始まり、馬乳酒に圧倒された旅であった。

（『うしとら』第六三号、二〇一四年一二月掲載）

Ⅲ－6　シベリアのトナカイ狩猟牧畜民

東北アジア研究センター教授
高倉　浩樹

シベリアにはロシア人などのスラブ系の住民以外に、四〇にも及ぶアジア系の先住民が歴史的に暮らしてきた。彼らは言語的にはフィン語やハンガリー語と類似するものから、トルコ語やモンゴル語、ツングース語系、さらに歴史的には彼らより以前からシベリアに暮らしてきた古アジア系の言語集団まで多様である。

このような言語的多様性にもかかわらず、トナカイを資源として利用する伝統的な経済が共通して形成されてきた。それは大型有蹄類としてツンドラとタイガという生態系に圧倒的に優勢な地位を占めるこの動物が、衣食住に利用できるだけでなく、家畜として騎乗と橇牽引に利用しやすい習性をもってきたからである。

モンゴルやアフリカの牧畜民と比べると、トナカイ牧畜の特徴は乳利用ではなく、肉利用あるいは役畜利用という点にある（帯写真上左、図Ⅲ－6－a）。人々は家畜と野生個体を明確に区別しているが、資源利用という点では狩猟と牧畜は連続的なのである。トナカイを利用する生業はシベリアの人類史を理解する上で重要であるだけでなく、ロシア＝シベリアの社会主義化＝近代化、さらに

図III - 6 - a：群れを囲いにいれ、屠畜個体を選別する
（ロシア・サハ共和国エヴェノ＝ブィタンタイ郡、1996年）

近年は天然資源の開発、北極圏の気候変動という観点からの学際的な研究においても着目されている。
ソ連崩壊後に人類学者によって報告されたのは、シベリア先住民文化の代名詞ともいえるトナカイ飼育業が衰退したという事実だった。西シベリアのネネツ人の例外的事例があるとはいえ、全ロシアの家畜トナカイ総数は一九九〇年の二三〇万頭から二〇〇六年には一四八万頭と大幅に減少した。このことは、社会主義体制の崩壊によって国営農場による農業畜産生産体制が維持できなくなったという全ロシア的に共通する現象でもある。と同時に、先住民の固有の現象としての側面ももっている。シベリア先住民社会はロシア国家の農村部しかもいわゆる僻地に存在し、既存の交通輸送網から外れていることが多い。社会主義時代は採算を度外視したヘリコプターによる輸送網が機能していたが、市場経済によってそれが断ち切られると、新しい市場ともつな

図III-6-b：息子に猟銃の使い方を教える猟師＝トナカイ牧民
（ロシア・サハ共和国オレニョク郡、2006年）

がりにくくなったからである。

二〇〇六年に筆者が調査したロシア連邦サハ共和国北西部、言い換えれば中央シベリア高原東北部の北極圏に位置するオレニョク郡A村もシベリア先住民社会の一般的な文脈で理解できる部分が多く存在する。郡内の雇用を支えていた重要な生産部門であるトナカイ飼育が悪化し、その頭数規模はソ連末期と比べて六分の一まで縮小した。興味深かったのは、地域住民が、牧畜から野生トナカイ狩猟や漁撈などに依存するようになったことである。ソ連崩壊前後から、野生トナカイの群れの移動ルートがこの地域を通るようになり家畜が連れ去られ、牧畜への悪影響があった。住民は、野生トナカイの移動ルートの変更の理由を一九九〇年初頭にはじまったこの地域でのダイヤモンド採掘にあると考えていた。ただ国営農場がだめになった調査時点で、この「狩猟」化を支えているのは採掘所であった。皮肉なことだが、現地で働くロシア人が野生トナカイ肉を必要としていたからである。一方、先住民達は採掘所に出稼ぎに行って現金を稼ぎ、そこでの収入で高額なライフル銃やスノーモービルを購入し、狩猟の効率を高めるというサイクルができていたのである。

生業の変化は、経済体制だけでなく、資源開発による生態系の変化、それがさらに住民の生業と複雑に絡み合っていた。最近この場所を訪れてはいないが、近年の気候変動は草地や凍土、降水量に変動を与えているはずであり、さらなる複雑化が生じているだろうと考えている。

（東北アジア学術交流懇話会ウェブサイト『東北アジアにふれる』掲載原稿を加筆修正）

Ⅲ－7　ロシアのチベット仏教徒

日本学術振興会特別研究員ＰＤ（東北大学東北アジア研究センター）
井上　岳彦

ロシアは、多民族国家でもあり、多宗教国家でもあります。近年ロシアでは、その歴史的な多宗教性を利用した国民統合のあり方が政府によって模索されており、国家と宗教の関係に対する注目が高まっています。ロシアというと、ロシア正教のことを思い浮かべる方も多いと思いますが、一九九七年に制定された「良心の自由と宗教団体に関する」ロシア連邦法（No125-F3）では、「キリスト教、イスラーム、仏教、ユダヤ教」がロシアの「伝統宗教」として明記されています。ここで言うところの「仏教」は、チベット仏教です。特に仏教信仰の盛んな地域としては、シベリアのブリヤート共和国やトゥヴァ共和国、ヴォルガ・ドン地域のカルムィク共和国があります。筆者はこれまで、特にカルムィク共和国の教団に注目してきました。ソ連時代に、寺院も教団も、完全に破壊されたカルムィク共和国では、すべてを一から始めなくてなりませんでした。教団のトップをアメリカから招き、ダライ・ラマから派遣されたチベット人高僧が、彼を補佐するとともに、僧侶と衆生の教育に尽力しました（口絵④、図Ⅲ－7－a－b）。現在、インドのダラムサラなどに留学していた若いカルムィク人僧侶たちが長年の修行を終え、続々故郷に戻り始めました。このように、カルムィク共和国の仏教復興運動は新たな段階に進みつつあり、今後も目が離せません。

（東北アジア学術交流懇話会ウェブサイト『東北アジアにふれる』掲載原稿）

図 III - 7 - a：仏塔建立を記念して出張法要を行う様子
（2007年4月、カルムィク共和国ガシュン＝ブルグスタ村）

図 III - 7 - b：法要に先立って、バター、ミルク、香を火に焼べる
（2007年4月、カルムィク共和国ガシュン＝ブルグスタ村）

図 III - 7 - c：20 世紀初めのチベット巡礼によってもたらされたと伝えられる丘の上のポプラ、その丘の下に湧く鉱泉で沐浴したあとの様子
（2007年5月、カルムィク共和国ハル＝ブルク村近く）

図 III - 7 - d：聖なる木のまわりには、ハダクと呼ばれる経文の書かれた布が供えられている
（2007年5月、カルムィク共和国ハル＝ブラク村近く）

Ⅲ－8　現代中国社会と「宗族」

東北アジア研究センター教授
瀬川　昌久

私の主宰する東北アジア研究センター共同研究「現代中国社会の変容とその研究視座の変遷―『宗族』を通した検証」では、中国の親族組織として知られる「宗族（そうぞく）」を主要な研究対象としています。中国では、同じ祖先に発する男系子孫たちのまとまりを宗族と呼びますが、地域によっては同じ村に居住したり祖先の祭りを共同で行ったりして団体化している場合も見られます。宗族は、文化人類学的な中国研究の成立当初から研究され続けてきた古典的な研究トピックのひとつですが、初期の人類学者たちはそこに中国社会の本質的要素を見ようとしていました。その後、文化大革命を頂点とする急進的な社会改革により中国本土では姿を消しましたが、一九九〇年代以降の社会変化の中で、宗族は中国の東南部を中心に目覚ましい再生を遂げています。

今日、このように宗族の再生が見られるようになっていることは、経済発展によってもたらされた富を威信に変換しようとする際に、宗族という形式が社会的正統性の生成において依然として主要な役割を果たしているからだと考えられます。また、それは古代中国からの系譜の連続性と中華民族の一体性を連想させるものであることから、伝統文化の喧伝やナショナリズムの喚起とも親和

図 III - 8 - a：祖先を祭る祠堂（広東省佛山市）

図 III - 8 - b：祠堂の内部（広東省海豊県）

性が高く、各地の地方政府が追求する文化の資源化の動向とも結びつきやすい性格をもっています。

近代社会の支配的パラダイムは、親族関係を私的で社会的に局所的な関係であるとし、公共的な社会領域からは排除されるべきものとみなしてきました。その結果、人類学の内部でも親族関係の研究は、人々のいわゆる「親密圏」へと退縮する歴史をたどってきました。しかし、現代中国における宗族再生の事例は、宗族が国家社会や地域社会の公共的領域と個人とをつなぐ重要な鎖としての役割を帯びる場合があることを示唆しています。つまり、日本や西洋をモデルとした現代社会観では、ともすると個人の私的領域や「親密圏」の中で完結する事象とされがちな親族関係が、それを超出する性格を有し得ることを示していると考えられます。

このように、少なくとも中国社会で宗族は社会的・歴史的正統性の主張とリンクした存在であり、それゆえ私的個人間の人間関係の領域を超え、より広範な社会領域へと結びついてゆく潜在力を帯びた存在なのです。このような宗族のもつ私的な領域から公共的な領域への「浸出」現象を、初期の人類学者や社会学者たちは上述のパラダイムに則って中国社会の前近代性、後進性の証と考える傾向にありましたが、親族関係というものを私的で局限された「親密圏」とは切り離し、より柔軟な角度から今一度再考してゆく上で、中国の宗族という事例のもつ重要性は非常に大きいと考えられます。それは中国社会をその文化的深部から理解することに貢献するのみならず、われわれの中に暗黙知として存在している近現代の人間社会というものについての基礎イメージを、根底から問い直すことにもつながる作業なのです。

図 III - 8 - c：祠堂内の位牌（海南省儋州市）

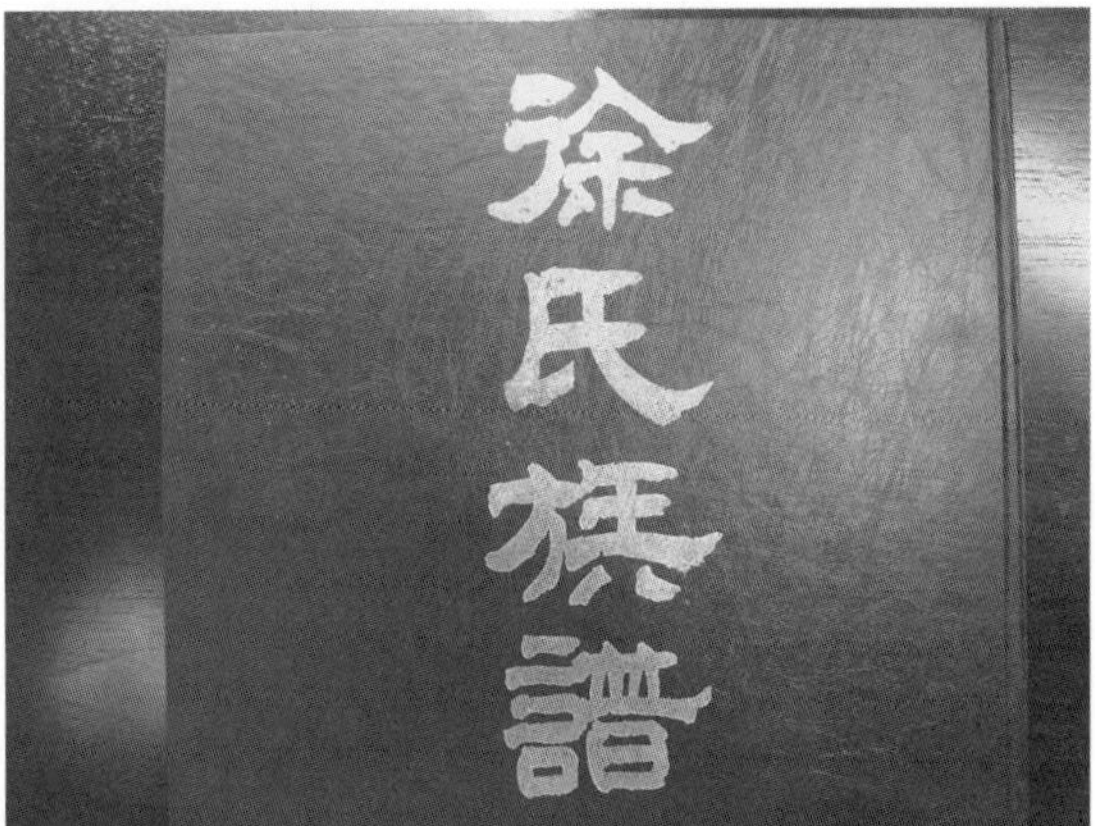

図 III - 8 - d：系譜を記録した族譜（広東省肇慶市）

なお、本共同研究の成果は、平成二七年度中に風響社より『宗族と中国社会の現在―古典的テーマからの新たな展望』として出版する予定です。

（『うしとら』第六四号、二〇一五年三月掲載）

追記

上記中、「出版予定」とある著書は、『〈宗族〉と中国社会―その変貌と人類学的研究の現在』（二〇一六年、風響社刊、川口幸大との共編著）として出版されました。また、その後関連著作としては、『連続性への希求―族譜を通じてみた「家族」の歴史人類学』（二〇二一年、風響社刊、瀬川昌久著）も出版されております。

Ⅲ－9　中国人観光客が「爆買い」をする真の理由

東北アジア研究センター教授
瀬川　昌久

ブームは下火になったようであるが、一昨年あたりから日本への「中国人観光客」についてステレオタイプ的に語られた言葉のひとつが、「爆買い」であった。この「爆買い」を含め、現今の日本でネットを含めた諸々のメディア上を飛び交っている「中国」や「中国人」に関する言説は一様に浅薄で皮相的なものが多く、嘆かわしい限りである。幾分客観的な分析をともなった体裁の論説も、その大部分は経済事象がらみのものに限られており、中国バブルはいつはじけるか、といったものばかりである。一〇年ほど前までは、中国に関する時事的な事象の紹介にも、歴史や文化伝統と結びつけて解説しようとするものが散見されていたが、今日そうしたものは影を潜めている。

ところで、中国人観光客がなぜ「爆買い」するかについて、納得のゆく説明というものを私は目にしたことがない。みな、為替レートがどうだとか、国内製品の質がどうだとかという説明のみである。なぜ日本で買ったのかの説明はあっても、彼らが買い物をするそもそもの根本動機の説明が欠けている。私はかれこれ四〇年、中国人社会について文化人類学の立場から研究をしてきたが、その目からすれば「爆買い」は奇異でもなければ珍しくもない行動の一部に思える。中国人社会では、

図III-9-a：ちょっとした知人宅訪問にも手みやげ持参を怠らない人々
（広東省の農村にて筆者撮影）

家族・親族・友人などとの人間関係の絆が非常に強固で、人々は日々それら（専門的には「社会関係資本」という）の維持にかなりのエネルギーを費やしている。それは日頃のモノのやりとりにも反映していて、知人宅を訪問する際にちょっとしたおみやげを持参したりするといった日常的贈与交換慣習はすごく発達している。その気配りの仕方は、日本人にはいささか過剰と思えるほどである（図III－9－a）。そうした彼らにとり、「初めての海外旅行」に出かければ、帰国時に大量の土産物を知人に配ることは当然の行動規範となる。

もっとも、これは中国人だけに限ったことではなく、我が日本でも身の回りの人々との人間関係の重要度が今より高かった高度経済成長期までは、国内旅行、海外旅行の際には大量の土産物を抱えて帰ってきたものだ。最近の日本社会では、社会関係のスリム化にともない、贈答慣行自体が著しく退潮しており、お中元やお歳暮のやりとりもめっきり減った感がある。私など、この数年間でお歳暮をもらったのはたったの二回、中国出身の人と韓国出身の人からだけである。

では一体、中国において現在でも身近な人間関係の社会関係資本としての機能性が高いのは何故か？　それはおそらく、長期にわたり中国人社会が対人関係に行動規範の中心点をおく社会であったことと関連していると考えられる。その点で、「場」や場の「掟」の側に行動規範の中心をおく日本人社会とは力点の置き方が少しだけ違う。ただし断っておくが、これはどっちが偉いとか進歩的だとかいう問題ではない。社会のタイプの違いである。また、上述の日本人の観光土産やお歳暮の例からも明らかなとおり、そうした社会慣習は時間とともに刻一刻変化するから、あまり本質化して考えない方がよい。

なお、中国人社会におけるそうした身近な対人関係規範の基礎は、親族・家族関係にあると考えられる。多少我田引水になるが、中国における「宗族」（父系血縁者で構成される親族集団）の最近の復興現象が私の主要な研究テーマのひとつであり、昨年それについての著書を出した（『〈宗族〉と中国社会―その変貌と人類学的研究の現在―』、川口幸大氏との共編著、風響社）（図Ⅲ－9－b）。中国人社会をその時事的なトピックから皮相的になぞるだけではなく、より深くその人間関係や歴史の次元に踏み込んで理解したいと考える少数の方々に対しては、この場で宣伝をかねてお薦めしておく。

（『うしとら』第七二号、二〇一七年三月掲載）

図 III - 9 - b：『〈宗族〉と中国社会—その変貌と人類学的研究の現在—』表紙

追記

その後、新型コロナウィルス蔓延による来日観光客の激減を受けて、中国人観光客の「爆買い」もすっかり過去のこととなった感があるが、上述した中国人社会におけるモノの贈りあいの慣行自体は、一朝一夕に姿を消したわけではないと考えられる。今後、再び中国人観光客が大挙して来日するようになれば、またしても何某かの土産品の「爆買い」が見られるかも知れない。ただ、中国社会の中でも、若い世代を中心に「社会関係のスリム化」が生じつつあるのも事実である。今の二〇代三〇代の人々は、親族・知人とのモノの贈答にそれほど熱心でないように見えるし、彼らが日本に旅行しても、おそらくはその親の世代ほどには大量の土産品を買い込むことはないであろう。そうした意味でも、一時の人々の行動を捉えてその国民性云々を論じることは、あまり意味のあることではない。

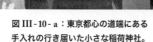

III－10　イナリとイナリティ

元東北大学 東北アジア研究センター教授
石渡　明

はじめに

図 III－10－a：東京都心の道端にある手入れの行き届いた小さな稲荷神社。

イナリ（稲荷）神社は日本の神社の中でもかなりの割合を占め、全国至る所にあの赤い鳥居と狐の像が見られる。イナリは農業の神とされるが、製造業界、商業界、芸能界の信仰も厚く、家屋の敷地内やビルの屋上などに小さい社が祭られている場合も多い[9]。しかし、従来の起源説によると、イナリは朝鮮半島からの渡来人である秦《はた》氏が信仰した神とされ[4,6-9]、日本古来の神かどうか疑問視されている。伊勢は皇室、春日は藤原氏、八幡は源氏の祖神を祭るが、イナリは日本の有力氏族の祖神ではない。私の近所にも、太田道灌の娘の病気平癒祈願に因む、世話が行き届いたイナリの小社があり（図III－10－a）、イナリの起源に興味を持って少し調べてみた。ユーラシア的な広い視野と長い目で、イナリとは何かを考えてみたい。

イナリと雷

日本語では雷の電光をイナズマ、イナビカリと言う。イナズマは、「稲の夫《つま》の意。稲の結実の時期に多いところから、これによって稲が実るとされた」（広辞苑）、「古代の農民の間では、稲が稲妻によって霊的なものと結合し、穂を実らせると信じられていた」（言泉）という説明がなされているが、どうもこれは農本主義者の牽強付会の匂いがする。素直に「イナ」というのは雷鳴や電光のことだと解釈した方がよいのではないか。世界の多くの民族の神話において、雷鳴や電光は神威の表現であり、専門の雷神を設けている場合もあるが、多くは最高神（ゼウス、ジュピター等）または農業神（北欧神話のトール等）が雷を司る。農業は降雨に依存するので、降雨をもたらす雷が農業神と結びつくのは自然である。つまり、イナリは元々雷神だったのではないか。稲荷の総本社たる京都の伏見稲荷も、奈良時代初期の七一一（和銅四）年に神が電光とともに山頂の杉の木に降臨して創始されたという。雷神なら、稲荷神社の鳥居を赤く塗り、しめ縄に稲妻形の神垂《しで》を挟む理由もわかるように思う。

広辞苑で「ズマ」を引くと、山仕事で使う柴橇《しばぞり》のことだという。北欧神話のトールはヤギが引く車に乗って巨人族と戦い、その音が雷鳴だというが、日本の山沿いに住む古代人が、雷神が柴橇に乗って天空から地上に降臨すると考え、それをイナズマと呼んだとしてもおかしくはない。長野県の諏訪神社の御柱祭《おんばしら》でご神木がボブスレーの雪橇のように山の斜面を滑り落ちる様は、まさに落雷現象（神が降る様子）を模しているように見える。ズマは古代日本において最速の乗り物だったに違いない。

日本に「イナ」がつく地名は多く、それらの多くは稲という字が当てられているが、「伊那」、「印南」、「伊南」、「井波」、「猪名」、「引佐」、「因幡」、「渭南」、「員弁」など様々に表記され、イナリも元は伊奈利と記されていた。このことは、まず「イナ」の音があり、それに様々な字が当てられたことを示す。伊那（長野県南部）の西隣の恵那《えな》（岐阜県南東部）も、多少訛《なま》っているだけで、同じ語と思われる。これら「イナ」の地の多くは山沿いにあり、古代の雷神信仰に関係する可能性がある。

イナリと山岳信仰

伏見稲荷がある稲荷山は標高約二三〇m、祭壇のように段々になった山であるが、これは地質を反映している。産総研の五万分の一地質図「京都東南部」によると、下段は第四紀の大阪層群の砂岩や礫岩《れきがん》（図Ⅲ－10－b）、その上は日本列島の骨格を構成するジュラ紀付加体《ふかたい》（昔の秩父古生層《ちちぶこせいそう》）の砂岩や泥岩、そして山頂部は同じ付加体のチャート（図Ⅲ－10－c）からなる。チャートは火打石に使われるほど硬い岩石で侵食に強く、山頂部に突出している。このチャートは古太平洋の深さ五〇〇〇mの海底に堆積した放散虫（プランクトンの一種）の珪質の殻が固まった岩石であり、約一億年間、一万km以上にわたるプレート運動で海底を移動した後、ジュラ紀の海溝のプレート沈み込み帯で

図 III - 10 - c：京都の稲荷山上部の中生代ジュラ紀付加体の層状チャート。ペンは長さ 15cm。

図 III - 10 - b：京都の稲荷山下部の参道沿いに露出する新生代第四紀の砂礫層。ペンは長さ 15cm。

日本列島に付加して隆起したものである。つまり、稲荷山のチャートは日本列島をつくったプレート運動の大きな力を表している。また、稲荷山の現在の地形ができたのは、西麓の桃山（・稲荷山）断層、東麓の花山《かざん》・勧修寺断層の活動による。イナリは「衣食住の太祖にして万民豊楽の神霊なり」（伏見稲荷の冊子「神奈備《かんなび》」）とされるが、京都の稲荷山の地質は我々の衣食住の基盤たる日本の国土の成り立ちを顕現しており、この山が「稲荷信仰の源となる『祈りの山』である」（同書）。

「枕草子」の「うらやましげなるもの」の段（一五八段）に、清少納言が旧暦二月の初午の日（稲荷神社の例祭、新暦三月中頃か）に暁から稲荷詣に出かけ、稲荷山を登り始めたら昼前に暑くなり、「まことにわびしくて…涙もおちて」休んでいると、壺装束（中流以上の女が着る）ではなく、裾《すそ》をたくし上げた四〇歳台の女が、「私は七度詣に来た。朝からもう三度詣でた。あと四度は何でもない。三時頃帰る（意訳）」と会う人ごとに言いながら山道をスタスタ下って行くのをみて、「これが身にただ今ならばや」とうらやましく思ったと書いてある。平安

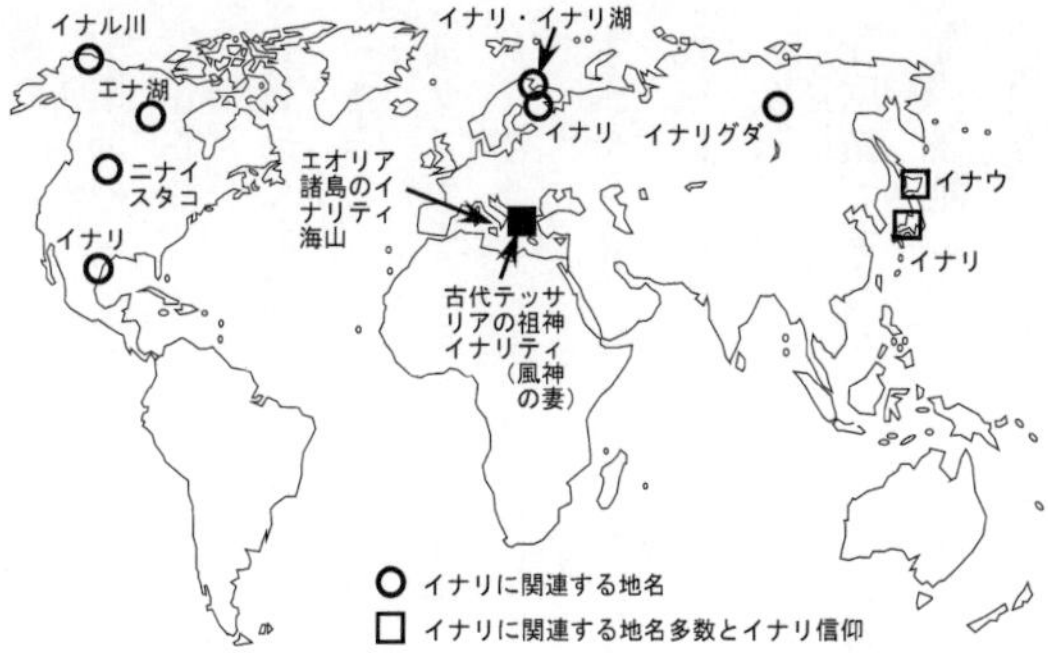

図 III-10-d：世界におけるイナリに関連した地名や信仰の分布。

時代にもこんな「関西の元気オバサン」がいたのは面白く、稲荷山は当時から様々な身分の女が登ったことを示しているが、この時の印象が良くなかったのか、清少納言の神様ランキング（二八七段「神は」）で稲荷は最下位である。富士山、白山など日本の信仰の山の多くは女人禁制だったが（明治以後徐々に禁制が解かれた）、稲荷山は古来男女の手近な山岳信仰の場となっていた。なお、現在稲荷山の千本鳥居をくぐってお塚を巡る人々の半分以上は外国人観光客であり、レンタルの派手な和服を着た「即席日本人」も多いが、彼らはここで不思議な感動を経験するらしい。

他民族のイナリ

イナリまたはそれによく似た言葉は他の民族にもある（図Ⅲ－10－d）。北海道のアイヌが祭祀に用いる御幣は「イナウ（イナオ）」という。また北海道には稲穂峠など稲のつく地名が多い。アイヌは稲作民族ではなく、これらが農作物の稲に由来するとは思えない。そしてイナウの形は電光を模しているように見える。一方、日本からはるか離れた北欧フィンランドの最北部にイナリ湖とイナリ町があり、オーロラの名所として世界中から観光客が訪れる。オーロラは電光と同様に空が光る現象である。ここはトナカイを飼育しながら移動するサーミ（ラップ）人の生活領域である。フィンランド中東部のロシア国境沿いにもイナリという小さな町があり、ロシアのシベリア中央部、イルクーツク州北端部のツングース川沿いにもイナリグダという町がある。イナリはユーラシアの北方遊牧狩猟民族に共通の言葉かもしれない。

さらに、ベーリング海峡を越えてアラスカの北部にも北極海に注ぐイナル川があり、カナダ中央部サスカチュワン州最北部にエナ湖があって、これらもオーロラ帯に含まれる。また、米国テキサス州南部のヒューストン西方にもイナリという小さな集落があり（ZIP 77990、Refugio郡Tivoli町）、米国モンタナ州のカナダ国境に近いロッキー山脈にチーフ（Chief、酋長《しゅうちょう》）山という岩山があって、地元民はこの山を「ニナイスタコ」と呼び、雷神の山として信仰している[3]。「ニナイ」は「イナニ」とよく似ており、日本でも「稲荷」と書くのは「イナニ」と発音する場合があったことを示す。岩手県に稲庭岳《いなにわだけ》があるが、これも雷神の山かもしれない。以上、イナリとそれに類する地名はユーラシア・北米各地に散在し、オーロラが見られる場所が多いが、雷神信仰に関係する場所もあるようだ。

他方、唐代の中国に景教として伝わったネストリウス派のキリスト教（キリストの神性と人性を分けて考え、マリアを「神の母」と呼ぶことに反対）や初期のイスラム教では、イナリは「光明」を意味するとして（「景」も光り輝く意）、これらの一神教と稲荷の関連を示唆する人もいる[4,8]。実際、奈良時代中期の天平八（七三六）年には日本にも景教の僧が来朝した記録があり、秦氏一族が住んでいた太秦《うずまさ》（の広隆寺）に拠ったと言われる。「うずまさ」は「尊く正しい」という意味の日本語だが、「大秦」は当時の中国語で「ローマ帝国」（またはシリアやペルシャ）を意味し、景教を大秦教とも言う（唐代の「大秦景教流行中国碑」は末尾の人名をシリア文字で刻す）。これを若干モジって、五世紀後半に雄略天皇から賜った「禹豆麻佐《うずまさ》」という姓に、自分たちの旧姓を含む太秦の二字を当てた秦氏には、国際感覚とユーモアと誇りと反骨心があったように思う。太秦は嵯峨嵐山の東、京都盆地西端の扇状地にあり、清少納言がここへ詣でた時に稲刈りの盛んな様子を「あはれ、をかし」と書き残していて（「枕草子」二二七段「八月つごもり」）、当時京都の穀倉地帯だったことがわかる。太秦から見ると稲荷山は盆地の反対側、朝日が真上に輝く東山最南端の小峰である。しかし、もしイナリの起源が大秦景教にあるならば、更に遡《さかのぼ》って古代ギリシャに及ぶ可能性が出てくる。

ギリシャ神話のイナリ

現代ギリシャ語でenargeiaという語は明解、瞭然、顕著などの意味を表す（エネルギーの語源であるenergeiaと似ているが、別の語）。例えば、enargite（硫砒銅鉱）という鉱物は規則的な割れ目（劈開《へきかい》）が顕著で、それがキラキラ輝くので、この語が使われている。ギリシャ神話のエナレテ（またはイナリティ Enarete）という女神は風神アイオロス（Aeolus）の妻で、この二神の間には十二人ないしそれ以上の子があったという(1)（「やは肌の」の短歌で有名な与謝野晶子も十二子を産んだが一子は死産、一子は夭逝：嵐山光三郎「文人悪食」）。この二神はギリシャ北部の古代テッサリア（アイオリス）人の祖とされる。ギリシャ神話では、アイオロスは地中海のアイオリア島（実在しない浮島、イタリアのエオリア諸島の名はこの浮島に因む）に住み、木馬の計で有名な英雄オデュッセウスがトロイ戦争（紀元前一二五〇年頃に実在したとされ、ソクラテス、プラトン、アリストテレス、アレクサンドロス大王などの時代より八〇〇年以上昔）から帰る航海の途中同島に漂着した時に、風神はその妻とともにこの英雄を歓待し、彼の求めに応じて順風を吹かせ、逆風は全て皮の袋に詰めて彼に持たせたが、故郷のイタケーの海岸を目前にして、この英雄は気が緩んで寝入ってしまい、その間に彼の部下たちが酒（一説には宝物）だと思ってこの袋を開けてしまったために、嵐が起こり船はアイオリア島に吹き戻されてしまったという話が載っている[5,1]。風神といえども、個人の求めに応じて勝手に風を吹かせるのは御法度《ごはっと》で、不正はゼウスに罰せられるので、後で言い訳ができるように逆風を密封して持たせる方便を考えたらしい。なお、戻ってきた英雄を、風神は冷たく追い返した。

しかし、イナリティについては、文句も言わずにオデュッセウスらの船団を一ヶ月にわたって夫婦で歓待したこと、十二人の子を産み育てた優しい母、貞淑な妻だったということ以外はわからない。ホメロスの「オデュッセウス」はこの妻の名前すら示さないが[5]、アポロドーロスの「ギリシャ神話」は名を明示している[1]。風神とペアであることと、「光明」を意味する名からして、雷神だったのかもしれない。一方、現在ではエオリア（リパリ）諸島西部のチレニア海の海底に、Enarete（イナリティ）という海山があり、その東隣のEolo（彼女の夫のイタリア名）海山とともに熱水活動が確認される第四紀火山なので(2)、ハワイのペレのような火山の女神だった可能性もある。エオリア諸島東部にはブルカノ島やストロンボリ島などの活火山があり、シチリア島のエトナ山やイタリア本土のベスビオ山とともにイタリア南部の活火山群をなしている。また、ギリシャにもサントリーニ（ティラ）島を含むエーゲ海の活火山群がある。ティラは紀元前一四七〇年頃に巨大噴火を起こして直径約一〇kmのカルデラを形成し、この時の噴出物と津波はミノア文明を壊滅させたという。この火山はその後も活動を続け、約七〇年前（一九五〇年）にも小噴火があった。

ということで、イナリの起源はギリシャ神話の風神の妻イナリティにまで遡ることができそうだ。この女神と夫の風神は、紀元前一二五〇年頃のギリシャの最有力部族テッサリア（アイオリス）人の祖とされ、当時は広く崇敬されていたに違いない。この女神は上述のように雷神または火山神だった可能性があるが、多数の子を産み育て、豊かな家庭だったとする神話の記述から、安産と豊穣の女神でもあったと考えられる。

イナリと狐

イナリにつきものの狐については、日本人の身近にいる動物の中で最も俊敏であることに加え、「狐火」と電光との類似等から、電光石火の雷神イナリの使徒とされたのだろう。平安時代末期の製作とされる「鳥獣戯画」では、狐が親切にも自分の尾に火を灯して蛙《かえる》や兎《うさぎ》の射的遊びために弓の的を照らしてやっている場面があり（ということは、この場面（または戯画全体）が夜の情景ということ

図 III - 10 - e：京都の伏見稲荷神社にある稲荷神像。

になる)、狐を発光現象と関連づける考えは中世以前からあったのだろう。狐の尾が稲穂に似ているから稲荷の使いなのだという説は、後の牽強付会のように思う。また、日本の一部の寺では、荼枳尼天《だきにてん》(荼吉・荼耆・吒枳・拏吉・陀祇等とも書く、密教の女性の鬼神、夜叉《やしゃ》・羅刹《らせつ》の類)を狐の精として祭り、一般にはこれも稲荷として信仰されるが、インドでは狐ではなくジャッカル(虎の後を追って食べ残しの死肉を漁る)だったという人もいる[8]。どちらもよく似た犬科の動物である。一方、フィンランドではイナリ町等で見られるオーロラを「狐の光」と呼び(小学館百科事典ニッポニカ「狐」項目)、狐とイナリの縁が日本特有ではないことを示す。稲荷神は一般に狐を従えた男神とされるが(図Ⅲ-10-e)、古代のイナリ信仰は巫女《みこ》を介した女神信仰だったらしい[7,8]。稲荷神と同一視される倉稲魂大神《うかのみたまのおおかみ》は男神とされるが、同じく食糧の神である保食神《うけもちのかみ》や豊受大神《とようけのおおかみ》は記紀でも女神とされ、安田靫彦《ゆきひこ》は保食神を、おっとりした若い女性の姿で描いた。

おわりに

以上のように、イナリの起源を辿ると、ユーラシアと北米にまたがり、古代ギリシャにまで遡る広大な空間的・時間的広がりが見えてきて、日本の神社に祭られる神としては異質で独特な神格であることがわかる。日本を含め、イナリの地名や信仰を残す場所が、古代世界の文明の中心だったギリシャから遠隔の地ばかりであることは、柳田國男の蝸牛考的周圏論を広域化した、古い言葉や信仰の辺境残存の一例と考えられなくもない。イナリは現在の日本では極端に現世利益的な信仰の対象とされ、稲荷神社は最も日本的な観光資源の一つとされるが、実はキリスト教や仏教より昔の、古代世界共通の自然崇拝や母性崇拝の残影なのかもしれない。イナリが、目の鋭い二匹の狐を従えた老年の男神（図Ⅲ－10－e）や、ジャッカルを従えて死期が近づいた人の心臓を食うというインドの鬼女（荼枳尼天）ではなく、金髪碧眼（？）、豊満多産で明るく気前のよいギリシャの女神イナリティ（エナレテ）だったと考えるのは楽しい（日本では狐が美女に化け、欧州では魔女が狐に化ける）。そして、その女神が約一五〇〇年（紀元前一一〇〇年頃～紀元後四〇〇年頃）かけてユーラシアを遍歴し、ついに渡来人とともに古代日本に来臨したと考えるのも、夢があって面白い。

文献（著者のＡＢＣ順。断らない場合は初版第一刷。）

(1) アポロドーロス（高津春繁訳、一九五三）ギリシャ神話。岩波文庫　赤一一〇—一（二〇一七第八七刷）。

(2) Bortoluzzi, G., Ligi, M., Romagnoli, C. et al. (2010) Interactions between volcanism and tectonics in the western Aeolian sector, southern Tyrrhenian Sea. Geophysical Journal International, 183, 64-78. Doi: 10.1111/j.1365-246X.2010.04729.x

(3) Davis, G.H. (2017) Tectonic klippe served the needs of cult worship, Sanctuary of Zeus, Mount Lykaion, Peloponnese, Greece. GSA Today, 27 (12), 4-9 and cover. Doi: 10.1130/GSATG353A.1.

(4) 榎本出雲・近江雅和（一九九四）古代は生きている　石灯籠と稲荷の謎。彩流社。二八六頁。

(5) ホメロス（松平千秋訳、一九九四）オデュッセイア（上）。岩波文庫　赤一〇二-四（二〇一五第二六刷）。

(6) 加藤謙吉（二〇一七）渡来氏族の謎。祥伝社新書。三一二頁。

(7) 近藤喜博（一九七八）稲荷信仰。はなわ新書。（二〇〇六初版六刷）。二四七頁。

(8) 松村潔（二〇〇六）日本人はなぜ狐を信仰するのか。講談社現代新書。二三八頁。

(9) 中村直勝ほか（一九七六）お稲荷さん。あすなろ社。二二一頁。

（『うしとら』第七五号、二〇一八年六月掲載）

コラム② 「ススンエナル（스승의 날）」

東北文化学園大学総合政策学部准教授
文《ムン》 慶喆《キョンチョル》

韓国の学校の新学期は日本より一ヶ月早く三月から始まります。入学式も終わり、一息落ち着く頃になると季節の女王五月が待っています。日本もこの時期はゴールデンウィークという大型連休になりますが、韓国も規模は小さいものの、各種の行事で忙しくなります。五月五日は「子供の日」です。五月八日は「両親の日」で、韓国も最初は日本と同じく「母の日」でしたがお父さんが寂しくなるという配慮で後になって「両親の日」と変わりました。（韓国にはもともと「父の日」はありませんでした。）

ここまでは日本とあまり変わりませんが、両親の日が終わるとすぐやってくるのが五月一五日の「先生の日」です。韓国語では「ススンエナル（스승의 날）」と言います。「ススン（스승）」は「師匠」という意味で先生に尊敬の念を込めた言葉です。「先生の日」といっても日本にはない記念日なので、「えっ」とびっくりする日本人もいます。「先生の日」は恩師に感謝と尊敬の念を表すために制定された記念日です。韓国は儒教の伝統が未だに根強く残り、教育熱は世界一と言われているので先生の日があっても不思議でもなさそうですが、その歴史は案外短いようです。最初は一九五八年、忠清

南道のある女子高校から始まり、それが全国的に広がるにつれて一九六三年青少年赤十字中央学生協議会において「先生の日」を制定することを正式に決めました。このような経緯もあり、最初は五月二四日だったのが、次は五月二六日に変わりました。五月二六日は国連に加盟した日だったので先生の日と直接的な関連はありませんでした。そのため一九六五年からは朝鮮の第四代王である世宗大王の誕生日の五月一五日になりました。

この日になると両親の日と同じく各学校ではカーネーションの花を先生につけてあげます。また、恩師に感謝の手紙を書いたり、贈り物をしたり、謝恩のための各種行事も開かれます。このような先生に尊敬と感謝を表す良い日ですが、韓国の学歴志向と教育熱の過熱により各学校では先生に「寸志」（賄賂のようなお金）をわたす風習が広がり、深刻な社会問題にもなっています。この日を学校の休みの日にしたり、卒業式の日に当てたらどうかという意見もあり、先生の日に対する考えは益々熱くなるようです。

（『うしとら』第五〇号、二〇一一年八月掲載）

コラム③　「餅」‥‥日中食文化の交差点

宮城学院女子大学　中国語講師
屈原　明昌

来日後、日本のお正月を今年で既に二六回も過ごした。それにしても、ほぼ毎年のお正月に、二五年前の「失敗」を思い出す。

日本で初めてお正月を迎えたとき、日本の友人から自家製の餅をいただいた。触ってみてのその硬さから、かつて中国で食べた「もち炒め」という上海料理を思い出したので、その餅をがんばって薄切りし、長ネギ、野菜、豚肉などと一緒に塩味で炒めた。「美味そう」と自賛しながら炒めるうち、やわらかくなった餅どうしがくっつき始め、見る見るうちに料理全体が一つ大きな餅となってしまった。大失敗だった。その「作品」を見ると、食べる気持ちがなくなり、捨てるのももったいないし、結局全部胃袋に送るまで一週間もかかってしまった。

後で分かったことだが、上海料理の「もち炒め」に使う餅はうるち米で作った餅だから、炒めてもくっつかない。日本の餅はもち米一〇〇%なので、炒め料理にはふさわしくないのだ。

最近、うるち米で作った韓国の食材「トック」を仙台市内の店で見つけ、あの事件以来食べたかった「もち炒め」をようやく自分の手で作ることができた。ちなみに「もち炒め」は中国語では「炒年

図コラム③-a：一番ポピュラーな「餅」の路上売り風景
インド料理の「ナン」みたいな食べ物

図コラム③-b：「餅」中に餃子の具みたいな食材が入った「餡餅（シャルビン）」

糕（ツァオネンガォー）」と言う。

中国では、地域によって、また作り方によって、もちを「年糕（ネンガォー）」、「粘糕（ネンガォー）」、「打糕（ダーガォー）」または「糍粑（ツーバー）」と呼ぶが、いずれも「餅」という字を使わない。

それにしても、中国へいらっしゃったことがある方ならきっと気づいたと思うが、中国ではよく「餅」の字を見かける。実は、中国人はもち米を使っているかどうかは関係なく、丸くてぺちゃんこなものを「餅（ビン）」と呼ぶのだ。一番ポピュラーな「餅」はインド料理の「ナン」みたいな食べ物（図コラム③-a）で、中に餃子の具みたいな食材を入れたものは「餡餅（シャルビン）」（図コラム③-b）という。さらに、ハンバーグは「肉餅（ロービン）」と名づけられ、干し柿は「柿餅（スービン）」と呼ばれる。

いっぽう、食べられない「餅」もある。「粉餅（フンビン）」はそれに該当するもの。一見食べられそうなものと思われるが、正解は女性のお化粧に使うファンデーションなのだ。
さて、中国語の「鉄餅」とはどんなもの？　この文の結びとして読者様に当てていただきたい。分かったとき、きっと「なるほど」と言うに違いない。

（『うしとら』第五四号、二〇一二年一一月掲載）

Ⅳ．史料調査

Ⅳ－1　ロシアの史料館（公文書館）における史料収集

東北アジア研究センター助教授
寺山　恭輔

ロシア・ソ連現代史の研究を進める上では、研究書（二次文献）や新聞、雑誌の論説のほか、現地の史料館に保管されている一次史料を利用することも重要である。ロシアや欧米の研究書の多くは日本で入手可能だが、一次史料は現地で閲覧する必要がある。この機会にロシアの史料館における史料収集の実態について紹介したい。ロシアの場合、連邦レベルの史料館がモスクワ（旧共産党中央委員会、旧ソ連政府、旧ソ連経済、外務省（帝政時代、革命後期をカバーする二箇所）、軍（帝政時代、革命後、第二次大戦後の三箇所）、古文書等）やサンクトペテルブルグ（帝政時代、海軍（帝政時代から革命後、第二次大戦後の二箇所）等）に集中しているが、地方にも多数の史料館が存在する（連邦レベルの一六館の他、共和国、州、市レベルのものを含めるとロシア全体で二二〇〇以上存在する）。これらは大まかに共産党と地方政府（ソヴィエト）に関連した史料館の二系統に分けられる。筆者はこれまでウラジオストック、ハバロフスク、イルクーツク、ノヴォシビルスクなど地方の史料館にも足を運んだが、ソ連のような中央集権的な国家の場合、上述の通りモスクワの史料館に最も重要な史料が保管されている。一般的な歴史家には入館自体が困難な史料館として旧ＫＧＢの史料館や、ほと

図Ⅳ-1-a：ハバロフスクの旧共産党史料館

図Ⅳ-1-b：イルクーツクの旧共産党史料館

んど存在も知られていない対外諜報部の史料館（外部への公開は基本的に前提としていない）も存在し、筆者も入館申請したがいずれも拒否された。

　外務省史料館を除けば入館申請書とパスポートを提示すれば日本からの研究者であっても入館が許可され、入館証を発行してくれる（この原則は地方についても同様）。入館するとアンケート（氏名、住所、勤務先、研究テーマなどの個人的なデータ）への記入後、ファイル番号を列挙した目録（史料の内容、作成年月、枚数など）を見て閲覧希望のファイルを申請、当日或いは翌日以降、当該ファイルが順次保管庫から閲覧室へ運ばれてくる。膨大な史料を管理するため目録の数も多い。研究テーマに関連した目録を探し出すのが最初の作業である。普通はパソコンの持ち込みが許されコピーの注文も可能である。ファイルに綴じきれない数センチ四方の紙切れに至るまでページ番号を付され、閲覧後は担当者がチェックして文書の抜き取りや破損を防ぐ仕組みも施されている（例えば日本の外交史料館では各ファイルにページ番号はない）。重要な史料はオリジナルではなくマイクロフィルムで代替提供されることも多い。オリジナルが鉛筆書きの場合、マイクロフィルムでは読めないことがある。一方でロシア外務省史料館では閲覧者に目録は提供されない。閲覧者がアンケートに答えた研究テーマに則って館員が恣意的に提供する史料を従順に読むしかない。閲覧者の希望に合わない史料の場合、不満がたまることになる。特に日本人の場合、日ソ関係、しかも北方領土に関する問題で核心をつく文書の入手は不可能であるといわざるをえない。史料館側には提供した文書に含まれた不都合な内容が外交的スキャンダルを引き起こす事態を極力避ける意図もあるようだ。またこの史料館ではパソコンの持ち込みを禁じており、必要箇所はコピーを頼むか筆写するしかない。目録に掲載されていても、国家機密その他の理由で閲覧できないファイルも存在する。旧ソ連軍の史料館の目録に閲覧不可の印を見つけたが、第二次大戦以前の文書を機密扱いすること自体に、ロシア国家の普遍的な国防観が反映しているように思えたのでファイル番号と表題を記録しておいた。あるときこれらの閲覧不可ファイルを試しに閲覧申請したところ幾つかのファイルを提供された。機密解除されたと喜んだが翌日、「昨日は担当者の不注意で閲覧禁止の文書を渡した。彼は処罰される」と前日受領した機密史料を取り上げられた。すぐに閲覧せずに別の史料を読んだことを後悔したが後の祭りであった。スターリン時代ではないので処罰といっても担当者の生首が飛ぶことはないと思うが、読みたかった史料だけに残念である。

最近はこれらの史料館からの文書集の刊行も大々的に行われている。例えばソルジェニーツィンがノーベル文学賞を受賞した後に海外で出版され、彼の国外追放の原因ともなった『収容所群島』はソ連の矯正労働収容所の実態を告発したものだが、昨年この収容所体制に関する膨大な史料集が刊行された（全七巻中六巻まで刊行、計四二〇〇ページ）。このシステムの巨大さと巻き込まれた人々の運命を考えたとき、この分量でも物足りないかもしれないが、それでもやはり非人間的な国家的犯罪について二一世紀の今日まで大量の文書を保管し、それを全世界に向けて公開したことの意味は大きい。できれば日本に対しては、ロシアが領土問題や抑留者問題で同様の誠意を発揮して一次史料を公表することが望まれる。

国によって史料（その種類や質を含めて）の保管や公開の状況は異なる。政策決定の過程がリアルタイムで公開されて報道機関を通じて国民に周知され、世論を背景に政策の修正もあり得る情報公開の進んだ民主的社会と、例えばソ連や今日の北朝鮮のような上意下達的な閉鎖的で非民主的な社会とでは、公文書の公開の意味はおのずから異なってこよう。したがって一概に日本とロシアの比較はできないものの、福田康夫前官房長官が日本における公文書の保管状況の立ち遅れを憂慮し、検討会を立ち上げたと最近報道された通り、たまたまロシアを研究対象としロシアの公文書館しか知らない筆者からも日本における公文書の保管、公開が他国に負けないよう整備されていくことを望みたい。ロシア的なシステムを日本で維持するのはコスト面で困難だと思うが、経済的な混乱の中でも多くの人に支えられながら中央、地方を問わず外国人に対して扉を開き、自由な閲覧を保証する制度を見てロシアからも学ぶべき点は多いと考えた。昨今の領土や歴史認識に関する諸問題をめぐる東北アジア地域における対立(日本と中国、韓国、ロシア)を見ても、特に政策決定に関わる一次史料の保管や公開は、外交問題に限らず将来的にもますます重要になってくるように思われる。

(『うしとら』第二五号、二〇〇五年四月掲載)

追記

旧ソ連軍の史料館では、筆者が一九九〇年代から閲覧を希望していたファイルの機密解除はほとんど進んでいない。他の史料館同様ここでも目録自体の電子化が進み、検索をかければ必要なファイルに到達しやすくなっているが、機密ファイルは電子化されるデータからも除外されているため、初見者には何が機密ファイルなのか知ることはできない(ファイル番号はそのままなので、数字が飛んでいることに気づく人もなかにはいるだろう)。史料館(公文書館)の整備が遅れているという当時の日本の状況についても言及したが、徐々に整備が進んでいるものの、エリート官庁の高級官僚が政治家に忖度し、部下に公文書の改ざんを命じて栄転するという二流国家ぶりを発揮したのも記憶に新しいところである。

Ⅳ－2　中国・台湾における公文書公開の現状

東北アジア研究センター助教授
上野　稔弘

歴史研究にとって一次資料は欠くべからざるデータであり、なかんずく近現代史研究においては政府の行政関連文書である公文書は重要な資料源である。中国大陸部及び台湾ではこうした公文書を档（檔）案と呼ぶが、こうした公文書の公開状況を見ると、いずれも内外の状況を反映してここ十数年の間に利便性が向上している。それは情報公開に向けた法的整備と、情報化時代に合わせたデータのデジタル化及びWeb技術による検索機能充実といった電子化の両面で進行している。

中国の場合、公文書館は、国家档案局が管轄する国家档案館と省・市が設置する地方档案館、および軍や学術機関の管轄する専門档案館などがある。国家档案館としては明清両王朝の宮廷記録を中心とする第一歴史档案館、民国期の公文書を中心とする第二歴史档案館、そして建国後の公文書を所蔵する中央档案館が設けられている。中国の档案館は従来政府向けの業務を主体としていたが、改革開放の進展と共に一般向けのサービスの必要性が認識されるのに伴い、各機関から档案館への公文書の移管およびその公開に関する法的整備が進められた。その結果一九八七年九月に「中華人民共和国档案法」が成立し、一九九〇年一一月には「档案法実施弁法」が公布された。档案法は社会情勢の変化を受けて一九九六年に改正され、実施弁法もこれに合わせて一九九九年に修正された。これらの法規に基づき、中華人民共和国成立以前の档案は実施弁法交付日より、成立後の档案は作成日より満三〇年で公開する方針が定められた。すなわち文革中の一九七〇年代初めまでが基本的に公開の対象となった訳である。外交や国防など機密性の高いものや当局が公開を不適当と判断するものはこの規定外であるが、二〇〇四年初めには中国外交部が外交文書閲覧に関する暫定規定を制定・施行して外交文書の公開に踏み切っており、情報公開の流れは着実に進んでいる。さらに全国歴史档案目録センターの設立が進められており、第一歴史档案館は明清档案、第二歴史档案館は民国档案、中央档案館は革命歴史档案を担当し、全国的規模の档案資料検索システムの構築を目指している。地方の档案館と比べて国家档案館は情報化への対応が遅れ気味であったが、二〇〇四年末に第二歴史档案館はホームページを正式に公開した（http://www.shac.net.cn/）。まだ未整備であるものの、オンライン目録検索のメニューが用意されており、今後の公開が期待される。

台湾においても公文書の整備が急速に進んでおり、その進展ぶりは大陸に先行している。これは一九九〇年代以降の台湾政府の本省化志向に伴う大陸時代の文書公開の進展、檔案法制定による公文書整理の規範化、さらには台湾当局が推し進める電子政府化といった流れを受けてのものである。その結果総統府が保管していた蒋介石関係の文書が国史館に移管され、戒厳体制の発端となった二二八事件に関する文書も公開されるようになった。さらに二〇〇一年初めからは行政院国家科学委員会「国家デジタルアーカイブ計画」が始動し、国史館や中央研究院歴史言語研究所、近代史研究所

図IV-2-a：台湾の公文書所蔵機関の一つである国史館

などで所蔵公文書のデジタル化とデータベースの構築が進められている。国史館(http://www.drnh.gov.tw/)ではすでに南京国民政府檔案のオンライン検索を試験的に公開しており、また檔案の一部もカラー画像データとして公開されている。従来のモノクロのマイクロフィルムでは様々な様式が混在し、紙質や印字などの面から近代以降の公文書は不鮮明であったり画面に収まらなかったりといった問題があったが、画像データ化はこうした問題を相当程度解決するもので、公文書の利用価値を大いに高めるものである。二〇〇六年には総統府から移管された上述の蒋介石関係文書も含めて整備が完了する予定であり、正式公開が待たれる。

さらに加えるならば、日本においても国立公文書館による「アジア歴史資料センター」(http://www.jacar.go.jp/)の整備が二〇〇一年の設立以来、国立公文書館に加え、外務省外交資料館や防衛庁防衛研究所図書館所蔵の公文書も含めた形で着実に整備されてきている。特に戦時中の資料は日本の対アジア政策の解明にとって有用なだけでなく、中国など相手国・地域の所蔵する公文書資料を補完する役割も果たしている。最近日韓交渉関係文書が公開された韓国も含め、アジア地域における公文書の公開度は今後一層進むことが予想される。

歴史研究者にとって、ＰＣの操作やインターネットなど情報化への対応が今後の資料収集において決定的意味を持つようになると思われる。また一次資料の検索自体が当然視される状況が現出し、今後はそれを踏まえてどのような新しい知見を提示できるかという点が問題になるであろう。膨大な量の一次資料に埋没することのない、歴史の究明に向けた本格的な議論の活性化が求められるのである。

（『うしとら』第二四号、二〇〇五年一月掲載）

Ⅳ－3　中国辺疆民族史研究の一次史料を求めて―所蔵機関訪問雑記

東北アジア研究センター准教授
上野　稔弘

歴史の研究は様々な史料を駆使するが、やはり文献資料がその中心となる。研究者にとってはより原初的な一次史料の収集が重要になってくるが、近現代史においては政府が保管し一定期間を経て公開している公文書が一次史料としての価値が高い。政治その他の分野における重要人物が所有・収集した個人文書も、一次史料としての価値が高く、こうした文献を保管・公開している公文書館などの機関を訪問し、閲覧・収集することが調査活動において重要となる。

筆者は中国近現代史における辺疆民族問題の分析・解明を研究テーマとしている。中国では辺疆民族問題は政治的に敏感な問題であり、関連史料の公開には慎重である。他方台湾では国共内戦末期に大陸から移送した民国政府文書の核心部分や蔣介石の個人文書コレクションについて一九九〇年代以降一般公開が進み、当時の国民党政府や蔣介石の民族問題に対する政策決定を知る上での重要な資料が含まれているため、台湾の国史館（図Ⅳ－3－a）や中央研究院近代史研究所档案館（図Ⅳ－3－b）での関連文献の閲覧・収集を進めている。さらにここ数年はイギリスの国立公文書館（図Ⅳ－3－c）や大英図書館を訪問し、チベットや新疆に設置されていた領事館からの報告およびそれに対する英国政府の反応に関する文書へのアクセスに着手している。アメリカにおいても国立公文書館（図Ⅳ－３－d）や議会図書館（図Ⅳ－３－e）を訪問し、中国辺疆地域に関する外交文書やルーズヴェルト米大統領の派遣で蒋介石の顧問となったこともある著名なアジア研究者オーウェン・ラティモアの個人文書コレクションを閲覧する機会を持った。またスタンフォード大学内にあるフーヴァー研究所（図Ⅳ－３－f）では蒋介石が一九二〇年代から晩年にかけてほぼ間断なく付けてきた日記を遺族の委託により公開しており、毎年閲覧に赴いている。日本国内では外務省外交史料館や防衛省防衛研究所戦史資料室では中国辺疆地域に関する文書を所有しており、アジア歴史資料センターによる

図Ⅳ-３-a：国史館
（台北）

図Ⅳ-３-b：中央研究院近代史研究所档案館
（台北）

図Ⅳ-３-c：英国立公文書館
（ロンドン）

図 IV-3-d：米国立公文書館 II 号館
（ワシントンD.C.郊外）

図 IV-3-e：米国議会図書館マディソン館
（ワシントンD.C.）

図 IV-3-f：スタンフォード大学フーヴァー研究所
（パロアルト）

Ｗｅｂ公開分に未収録のものを直接訪問して閲覧している。現在はこうした文献調査を通じて様々な史料を蓄積し、また収集した史料の相互検証を進めている。

収集した史料はいずれも興味深いものであるが、紙幅の都合があるのでその紹介は別の機会に譲り、ここでは筆者が訪問した上述の諸機関の利用をめぐる体験を書き記すこととしたい。

入館・入室・閲覧手続きについては所在国・地域や施設の管理基準により様々である。日本や台湾の場合、毎回入館ないし入室の手続きが必要となるが、手続き自体は簡素である。基本的には建物入り口の守衛詰め所で入館時間と退館時間をチェックし、入館者用の名札やバッジを付けて閲覧室に入る。台湾の国史館では入館時にパスポートを預け、また閲覧室でも入室・退室時間を記録するなど若干チェックが厳しい。他方英米では初回利用時に一年ないし数年有効の閲覧カードを作成し、以後はカードの提示で入館できるようになる。入館手続きブースのＰＣ端末から必要情報を入力し、利用規約に同意の上、顔写真を撮ってカードが発行される。米国議会図書館ではＷｅｂ上でデータを事前入力することで時間短縮を図っている。少々面倒なのは国籍・住所証明の提示が必要なことで、日本で住所の英文表記を公的に証明できるのは国際免許証くらいしか無いということである。大英図書館は日本人スタッフを擁しているため、幸いにも日本語の書類で証明できる。

また閲覧室への私物持ち込みは、所蔵物盗難防止のためどの機関でも神経を使う。英米ではノートＰＣのふたを開けて確認するほどの徹底ぶりである。米国ではこれに加えテロを警戒し入館時に金属探知機や鞄を全部空けてのチェックを行い、米国公文書館では電子機器類持ち込みの際はシリアル番号の登録と閲覧室出入り時の照合確認を行う。こうした点にも国情の違いを実感する。

史料の検索・閲覧申請についてはどの機関もＷｅｂによる目録検索システムの構築を進めており、台湾やイギリスの諸機関は整備が先行しており、渡航前にかなり綿密な閲覧計画を立てることができる。英国立公文書館は閲覧申請もオンライン化されており、閲覧室入り口付近のＰＣ端末のカードリーダーで閲覧証を読み込ませ、座席指定と閲覧希望の文書番号を入力すると、随時受理され三〇分程度で座席番号の書類棚に文書が配架される。これと対極的なのが米国立公文書館である。Ｗｅｂ目録の情報はやや簡素で、閲覧室脇の目録室で目録ファイルを見て詳細検索を行い閲覧申請書を作成し、アーキビストと呼ばれる専門職員のチェックと署名を得た後に窓口に申請する。目録室の混雑状況によってはチェックに手間取り、一日数回の申請締め切り時刻に間に合わず数時間を無為に過ごすことになる。また大英図書館や米国議会図書館では閲覧申請した文書が離れの書庫にあり、取り寄せに半日から一両日を要する場合もある。文献調査に際してはこうした各機関の事情を考慮して訪問スケジュールを立てる必要がある。

さて、こうした資料は基本的に紙媒体であるが、劣化への対応が重要な問題となっている。特に二〇世紀中葉の史料では戦時下での物資窮乏や製紙方法に由来する劣化が急速に進み、非常に脆くなったり変色や退色で判別困難になったりしている。また台湾の民国期文書は移送の過程で傷みの進んだものも散見される。加えて閲覧利用者の増加は文書の汚損を進行させる。そのため各機関では複製物への代替による原本の保護を図っている。マイクロフィルムが代表的な方策であるが、モノクロゆえの判読しづらさなどの問題が伴う。それに代わるのが文書のデジタルデータ化であり、台湾では一九九〇年代後半から国史館などが所蔵する公文書類からカラー画像データを作成し、目録検索システムとの連携を進めてPC端末での閲覧を可能にしている。この方式は資料原本の保護だけでなく、複数の閲覧者が同時に一つの文書を閲覧できる点でもメリットがある。日本のアジア資料センターは国立公文書館と外交史料館、防衛省防衛研究所の関連文書を順次Ｗｅｂで公開しているが、惜しむらくはマイクロフィルムのモノクロ画像をそのまま使用しており、デジタルデータの優位性を十分に発揮していない。とはいえ、こうした文書史料のデジタル化の流れは一層進むと思われる。

閲覧に費やせる時間が限られ、また後でじっくり読み返したい文書がある場合、複写のし易さが重要になる。台湾では上述のデジタル画像データであれば閲覧室内のモノクロプリンタで打ち出し可能である。ただし著作権法に基づき印刷できるのは全体の三分の一以内である。また蒋介石文書については印刷不可であり、筆写ないしワープロでの書写に限られる。近代史研究所档案館も同様の対応であるが、さらに一年間の印刷可能枚数に上限が設けられている。他方イギリスやアメリカの公文書館はデジタルカメラによる資料撮影が認められ、基本的に枚数の制限はない。ただし原本保護の面からフラッシュの使用は禁止であり、閲覧場所によっては光量不足で手ぶれやピンぼけによる撮影ミスのリスクが高まる。これについて英国立公文書館では撮影用カメラスタンド備え付けの机を幾つか設置している。日本の外交史料館でもフラッシュＯＦＦでのデジカメ撮影が認められるようになっている。資料収集を効率よく進められるという点で便利であるが、メモリの残量不足や電池切れへの備えが欠かせない。他方フーヴァー研究所では『蒋介石日記』をマイクロフィルムで撮影し印刷した形で公開しているが、写真撮影や電子複写はおろかワープロでの書写も不可であり、閲覧室備え付けの用紙に筆写するしかない。『蒋介石日記』は引用に際しても蒋家の同意を得る必要があるなどの制約があり、内容の複製・拡散にかなりの注意を払っている。

円安の進行により海外への渡航・滞在に要するコストが相対的に上昇する中、史料の閲覧・収集をより効率的に進める必要がますます高まっている。歴史研究者としては文書（とりわけ原本）を目前にすると、じっくり目を通したい気持ちに駆られるが、帰着後収集したデータを整理するときの楽しみとしてぐっと堪え、史料収集に使える時間を念頭により重要な史料をより効率的に収集することに神経を集中し、閲覧史料の選択や閲覧順序の調整、複写・撮影と書写の割振りをてきぱきと進めてゆかねばならないのである。

（『うしとら』第六四号、二〇一五年三月掲載）

Ⅳ－4　台湾・國史館における文書公開方針変更の顛末

東北アジア研究センター准教授
上野　稔弘

中国近現代史研究者の間では、二〇一六年夏に台湾の國史館が所蔵史料の公開規則を大幅に変更したことが、驚きと困惑を引き起こした。そこには史料の扱いをめぐる政治的背景の存在が指摘され、近現代史研究が今日の政治状況とは必ずしも無縁ではないことを示している。本稿ではこうした事情をかいつまんで紹介したい。

台湾には国共内戦で中国共産党に敗れ台湾に拠点移動を余儀なくされた中国国民党が運び込んだ中華民国政府関連の重要文書が存在し、中華民国史研究の上で重要な資料的価値を有している。中でも国史編纂のための政府機関として設立された國史館はこうした政府文書や政府要人の個人文書コレクションの集積と公開を進めており、公文書館としての性格を強めている。

國史館が台湾内外の研究者から注目されてきたのは、第一に一九九〇年代に移管された蔣介石の個人文書コレクションを公開したことにある。国民党の領袖として北伐完了以降の中華民国南京政府を率いた蔣介石の元には、政治決裁を仰ぐべく様々な情報が寄せられ、書簡や電報による連絡が頻繁に交わされた。これらの文書類は蔣介石の没後、国民党により機密文書として保管され、閲覧は厳しく制限されていた。一九九〇年代にこれらの文書は國史館に移管され、これを契機に公開が進んだ。所定の閲覧手続きを取ること、現物ではなくデジタル画像の複製物を閲覧すること、コピー禁止で筆写またはワープロによる書写しかできないといった制約はあるものの、閲覧機会の制限が大幅に緩和されたことは中国近現代史研究者にとって朗報であった。

第二の注目点は所蔵史料のデジタル化を積極的に推進してきたことである。二〇世紀前半の戦時下の混乱などをくぐり抜けてきた文書史料は低廉な紙質や保管状態の悪さから劣化が進行しており、史料公開の拡大にとって大きな制約となってきた。國史館は従来より極力マイクロフィルムによる閲覧を優先してきたが、一九九〇年代末から所蔵史料のスキャニングによる高解像度カラー画像の複製と史料情報のデータベース構築を進め、蔣介石文書を皮切りにデジタル化史料の閲覧への切替えを行ってきた。データ提供方式も当初のCD-ROM媒体の貸出から間もなくサーバからＰＣ端末へのデータ呼び出し方式に切り替わり、複数閲覧者の同時利用が可能になった。こうしたデジタル化の推進は防衛上の観点から台北市南郊の山腹に置かれた國史館本館で文書を閲覧するという不便さの解消にもつながり、二〇〇六年には台北市中心部の交通至便な場所に別館として開設された総統副総統文物館にデジタルデータ閲覧室が開設され、現物閲覧に拘らなければ蔣介石文書などの史料閲覧が非常に簡便になった。加えて二〇一五年からは國史館以外の場所での文書データ閲覧の試みとして、台湾大学図書館のデジタル閲覧室で國史館所蔵文書の閲覧が可能になった。また國史館のホームページから台湾大学図書館で使用されているのと同様の検索・閲覧システムにアクセス

図Ⅳ-４-ａ：國史館総統副総統文物館（台北館）。
日本統治期に台湾総督府交通局逓信部として使われていた建物を改装したものである。

することができ、南京国民政府文書に限定されているものの、國史館にＷｅｂで閲覧申請を行うと台湾内外からネットを通じて文書の画像データを閲覧することが可能となった。こうした國史館の一連の取り組みにより中国近現代史研究にとって重要な一次史料を利用するための利便性向上が進んできたのである。

しかし二〇一六年の七月末に國史館がホームページ上に掲載した通知は、上述の史料公開の流れとは方向を異にするものであった。通知は八月より公文書公開の関連法規に準じて國史館所蔵文書の閲覧希望者に事前申請を求めるもので、この措置を受けて台湾大学での閲覧サービスとＷｅｂ申請による閲覧サービスが停止され、検索機能しか使えなくなった。閲覧許可は申請受理後三〇日以内とされ、その間國史館での史料閲覧の予定が立てられなくなった國史館利用者はこの突然の規定変更に大いに戸惑っ

図Ⅳ-4-b：國史館台北館の入口。
デジタル公文書閲覧者は入口からホールに進み、向かって右手奥の閲覧室に入室する。

た。特に新しい國史館の利用規定や台湾の公文書関連法規では、公文書史料を申請利用可能なのは中華民国籍保持者ないし「平等互恵の外国人」となっており、中華人民共和国籍を持つ大陸・香港・マカオ居民の扱いはグレーゾーンになった。そのため、大陸出身の歴史学者を代表とする國史館館長宛の公開書簡が出され、この措置が実質的に大陸・香港・マカオの研究者の史料閲覧を困難にするものであるとして再考を求めた。國史館側は公文書公開関連法規を適正に施行する措置であると釈明し、これと前後して所蔵文書の検索・閲覧システムの更新に合わせて蔣介石文書についても従来以上の公開を進めることを表明した。実際國史館のホームページからは従来館内での閲覧用に使われていた検索ページを通じて国民政府文書や蔣介石文書のうち『史略稿本』など公刊済みの文書などが徐々に事前申請不要で閲覧可能になり、二〇一七年一月には検索・閲覧ページがリ

図Ⅳ-4-c：中華民国総統府。かつての台湾総督府であり、國史館台北館はこの建物の後面に位置し、総統府館内見学と台北館の館内展示が一体的に整備されている。

ニューアルされ、蔣介石文書のうち改めて機密解除されたものがネット上で閲覧可能となった。國史館は、蔣介石文書の公開は段階的に進められ、四月末にはプライバシーに関わるものなどを除いて大部分が公開されると共に、複写に関する制約も緩和されるとアナウンスした。公開済み文書については、申請なしで閲覧できる文書のほか、國史館に赴き閲覧する必要がある文書、そして閲覧申請が必要な文書に分かれ、現在暫時非公開になっている分が公開された段階でこの三者の比率がどうなるかはまだ予見できない。

思うに台湾の公文書史料公開の歩みは二〇世紀末以降の台湾政局と無縁ではない。一九八〇年代末に戒厳体制が解除され、初の台湾出身総統となった李登輝が大陸反攻政策を終結させ、「中華民国」が台湾島周辺を統治する政治実体に過ぎないことを認めたことで、大陸統治時代の公文書は現政権とは切り離された歴史文書の扱いとなり、國史館所蔵公文書の公開を進める契機となった。この路線は陳水扁率いる民進党政権成立後も推進され、特に戒厳体制の発端となった二二八事件など国民党による台湾統治の負の側面を解明する方面に公文書史料の価値を見いだしていた。馬英九率いる国民党が政権を奪回すると、「一つの中国」原則の下で中台間の交流が促進され、大陸の研究者が國史館を訪問して蔣介石文書を閲覧する機会が増え、中華民国史研究における中台双方の研究者の学術交流が促進された。またこの間に国民党が台湾に持ち出せなかった民国期史料を多く所蔵する南京の第二歴史档案館と國史館の相互交流も進んだ。こうした経緯を踏まえるならば、蔡英文率いる民進党が二〇一六年春に再び政権へ返り咲いた現在、國史館の新たな措置について国民党政権期に進んだ大陸研究者の國史館利用拡大への対抗的意味合いを憶測されるのも故無きことではない。

また二〇一六年一一月に國史館は、現在アメリカのスタンフォード大学フーヴァー研究所公文書館に保管・公開されている蔣介石と蔣経国の日記（両蔣日記）を台湾に戻すべく、蔣家一族に対して訴訟を起こした。両蔣日記は民進党政権期に蔣介石批判に利用されることを懸念した蔣家遺族の一人がフーヴァー研へ保管・公開を委託したものである。特に蔣介石の日記は國史館の所蔵する蔣介石文書と並び立つ史料的価値を持ち、その公開は多くの研究者の「フーヴァー詣で」を引き起こした。しかしアジアの研究者にとって渡米しての日記閲覧は不便であり、また蔣家の遺産問題に絡み両蔣日記の出版計画も滞っている。そうした状況下では両蔣日記の國史館への移管が実現することは、アジアの中国近現代史研究者にとって朗報であろう。しかし両蔣日記が台湾から持ち出されたそもそもの経緯にも絡んで、民進党政権下でのこうした動きに対して国民党が反発を示しており、國史館に移管した蔣介石文書を引き上げる可能性も取りざたされている。こうして國史館をめぐる諸問題は、蔡英文政権成立早々にして政争の具としての様相を帯びだしている。この混乱が早期に収束し、最終的にさらなる利用の便宜向上につながることを願うばかりである。

（『うしとら』第七二号、二〇一七年三月掲載）

追記

今回収録された三編の文書は私の研究テーマである二〇世紀中国の民族問題に関連する一次資料の収集活動に関連した話題を取り上げたもので、掲載年ごとに情報を更新している。またCNEASニューズレター八〇号（二〇一九年三月）掲載の「活動風景：最近の台湾における近現代史料館事情」(http://www2.cneas.tohoku.ac.jp/content/files/news/jp/news80.pdf，第八頁）ではさらなる情報更新として二〇一九年に至るまでの台湾における一次資料公開状況に言及しているので、関心のある方は参照してもらいたい。ここではより直近の状況について簡潔に補足しておく。二〇二〇年初頭からの新型コロナウイルスの世界的規模での感染拡大とその長期化は、一次資料収集活動に大きな影響を及ぼしている。例えば『蔣介石日記』の公開状況には大きな変化がなく、依然としてフーヴァー研究所での閲覧および筆写による収集という方式を継続しているが、現状では米国への渡航および現地での十分な調査日程の確保が困難である。他方で台湾の國史館においては蔣介石文書を筆頭に所蔵資料のデジタル化とＷｅｂ公開が進展し、膨大な一次資料データを日本に居ながらにして閲覧可能な状態になっており、現地訪問が困難な現況下でその有用性を存分に発揮している。とはいえ研究者としては感染対策による渡航や施設利用への制限が研究を大きく制約している状況が早く改善され、世界各地の資料所蔵機関を再訪する日を迎えられることを祈っている。

Ⅳ−5　山形市内での史料調査から大名飛地領に迫る

東北アジア研究センター助教
藤方　博之

筆者は大学院在学中から、江戸時代の大名・堀田家の分析に取り組んできた。専ら同家に仕える武士たちの問題を検討してきたが、ここ数年は支配を受ける側、特に飛地領の村々についても関心をもっている。江戸時代後期の同家は佐倉藩主を世襲し、一一万石の領地を有していたが、全領地が本拠の佐倉城（現・千葉県佐倉市）周辺に集中していたわけではない。城を中心とする領地（城附領）は約六万石であり、残りは各地に飛地として存在していた。そのなかでも比較的まとまった領地として、約四万石が出羽国村山郡（山形盆地とその周辺）の南部に設定されていた。この支配のため、堀田家は柏倉村《かしわぐら》（現・山形市）に陣屋を置き、約七〇名の家臣を配置した（以下、当該飛地領を柏倉領とよぶ）。

江戸時代、飛地領は珍しいものではない。幕府は、大名はじめ領主層に対し、新規に領地を与えたり領地替え（転封）を命じたりする際、領地を分散させることがあり、結果として多くの飛地領が出現することになった。柏倉領の成立も、堀田家の転封が端緒である。同家はもと山形藩主として村山郡に領地を有しており、佐倉へ転封（一七四六）となっても一部の領地が残されたのである。江

図IV-5-a：史料の解説をする筆者
(2017年8月)

戸時代後期の村山郡は、幕府直轄領(幕領)や複数の大名領などが入り組んだ地域となっていた。当時ありふれた所領形態であった飛地領であるが、飛地としての特徴に着目する研究はそれほど多くない。

一方で、柏倉領が所在した村山郡は、研究蓄積が分厚いフィールドである。これまで地主による土地集積や、地域代表による広域的な合意形成といった点に研究者の関心が集まってきた。ただ、それらの分析は史料の公開状況にも影響を受け、幕領に集中していた。そこで筆者は、飛地領そのものへの関心とともに、村山郡の研究状況に対して少しでも新たな知見を提示すべく、柏倉領を分析対象として史料発掘・調査に注力している。

ここでは取り組みの一つとして、蔵王上野文書調査を紹介したい。同文書は、山形市南東部の中山間地域・蔵王上野《うわの》地区の区有文書であり、江戸時代の上野村で作成された文書を多く含んでいる。調査は竹原万雄氏(東北芸術工科大学)の主導によるもので、筆者が堀田家の研究

図Ⅳ-5-b：「小前存意之趣有体奉歎上口上之覚写シ」（表紙）

をしていることから誘って頂き、二〇一四年の開始段階から参加した。調査では、保存のための中性紙封筒への史料詰め替え、写真撮影、目録作成が行われている。目録は今年度中に刊行予定であり、調査チーム以外の人でも史料にアクセスすることが可能となる。なおこの調査は、同大学のフィールドワーク演習としても位置付けられており、学生が作業に参加した。調査の過程で、筆者も学生に対して史料の解説や調査方法の指導を行った（図Ⅳ－5－a）。

興味深い史料が複数あるが、筆者が目下分析しているのは、村が柏倉陣屋に提出した願書類である。村が領主に訴える内容は、当時の上野村内外の状況を知る手がかりとなる。例えば一八四六年の願書の控（図Ⅳ－5－b）は、上野村が佐倉本藩の方針に異を唱える内容となっている。数少ない先行研究と、これまでの筆者による武家文書の分析とをつきあわせると、この一件は、前年に本藩が柏倉領の支配を刷新するための施策（耕地の再調査や領内の支配区分変更など）を示し、領内の村々が反発していた流れのなかで作成されたものであることがわかってきた。佐倉藩政のみならず、飛地領の特徴を考えるうえでヒントとなる出来事ではないかと考えている。

筆者は柏倉領であったほかの地区の史料も調査しており、規模・地勢など性格が異なる複数の村を比較しながら、柏倉領の地域運営の実態について分析を続けていく所存である。

（『うしとら』第七七号、二〇一九年六月掲載）

追記

本文中で言及した蔵王上野文書の目録は、竹原万雄氏のご尽力によって予定通り刊行された（東北芸術工科大学・古文書調査会編『山形市蔵王上野文書目録』東北芸術工科大学、二〇二〇年二月）。検索手段が整い、卒業論文で同文書を利用する学生も出てきている。筆者も分析を続けており、同文書のうち年貢皆済目録（領主から村に渡された年貢皆済を証する書類）を取りあげて論文を執筆した。これは東北アジア研究専書として二〇二二年一月刊行の論文集に収載された（「近世後期佐倉藩出羽飛地領における年貢納入方式」荒武賢一朗・渡辺尚志編『近世・近代の村山地域』）。

COVID-19の影響は、山形市内の史料調査にも及んでいる。本文執筆後、蔵王上野とは別の地区で新たな調査に着手する準備を進めていたが、感染拡大によって延期となったままである。現在は撮りためた史料の読解に取り組みながら、状況の好転を待つばかりである。

Ⅳ－6　歴史を学ぶ長い道のり―宮城県白石市・渡辺家文書の調査から―

東北アジア研究センター准教授
荒武賢一朗

近年、日本の歴史的典籍は資料を所蔵する大学図書館などによる画像データベースサービスが充実してきたことで、研究促進の大きな画期を迎えている。点数に限りがあるものの、インターネットに接続できれば、いつでもどこでも気になる資料を入手できる。そうとはいえ、日本の歴史資料を理解するためには「くずし字」を解読しなければならないが、これにも心強い「助っ人」が登場した。二〇一六年二月、大阪大学の飯倉洋一教授（現名誉教授、日本近世文学）を中心とする研究開発チームが、くずし字学習支援モバイルアプリ「KuLA（Kuzushi-ji Learning Application）」を公開し、スマートフォンやタブレットで、かな文字やくずし字の基礎的な読み方を学ぶことができるようになった。飯倉教授によれば、公開から半年あまりでダウンロード数は二万を超え、そのうち七％は海外在住者だという。江戸時代の板本（書籍）を勉強したいという人々には、この上ない朗報である。

筆者は歴史研究をするなかで、各地に伝来する文献資料（古文書）を調査している。そのなかには書籍類も含まれているが、大部分を占めるのは手書きの経営帳簿、書状（手紙）、法令などを記した帳面類、公私にわたる日記・記録などである。「KuLA」の活用も有効だが、現代の我々がそうである

図Ⅳ-6-a：渡辺家旧邸
（宮城県白石市、現・寿丸屋敷）

ように、江戸時代にも達筆な人、個性的な文字を書く人、実にさまざまな書き手が存在するため、すんなりと解読は進まない。いまのところ、手書きの資料は慣れるしかない、という古典的な手法をとっている。

現在、最も力を入れているのは、宮城県白石市の渡辺家文書の調査である。渡辺家は江戸時代から続く有力な商人であり、その旧邸は現在「寿丸屋敷」（図Ⅳ-6-a）と呼ばれて一般に公開され、当地の観光拠点として有名で見学者も多い。一方、この屋敷に伝わった膨大な古文書の全貌は明らかでなく、二〇一三年八月から白石市教育委員会と連携し、日本史専攻の学生有志や研究者とともに概要を把握するための文書目録作成を開始した。着手から九年で約三万三〇〇〇点を超える整理を済ませたが、まだ文書群全体の八割にも満たず、全容解明までには長い道のりを要するだろう。

しかし、白石市教育委員会発行の『渡辺家文書目録』シリーズ（既刊四冊）や、渡辺家の子孫である渡辺信夫氏が出版された資料集『ある百姓の覚え書き』（二〇一五年一二月刊）、『道中

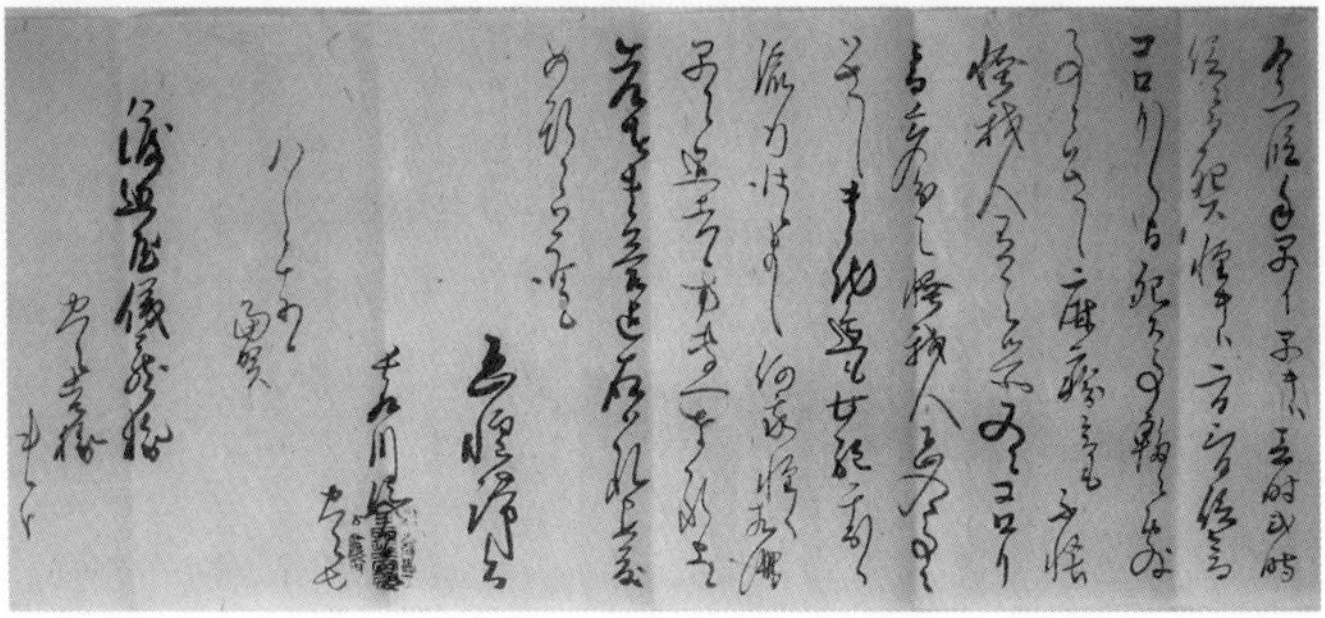

図Ⅳ-６-ｂ：1862（文久２）年８月15日　コレラの流行を伝える江戸からの手紙
（渡辺家文書W6-50-32）

記』（二〇二〇年九月刊）によって、少しずつ興味深い史実が浮き彫りになってきている。江戸時代後期から明治時代にかけての渡辺家は、呉服・木綿・和紙・塩・醤油・味噌・古手（古着）・質屋など多角的な経営をおこなっていた。高級な絹織物から、比較的安価な木綿や古手などの衣類は、江戸や宇都宮など遠方の商人たちによって白石にもたらされ、渡辺家を介して当地の顧客に販売される。また、江戸に住む取引相手の発信する文書には米相場などの商況、彼らが耳にする世間の話題がのぼる。たとえば、幕末期の日本ではコレラの流行によって数万人におよぶ死者があったとされるが、渡辺家に届けられた江戸からの手紙では、「コロリ（コレラ病）」に感染した人たちは「一、二日でコロリコロリと死す」とし、そのうち白石や仙台でも流行するのではないかという記述がみられる（図Ⅳ－６－ｂ）。商人たちは、単なる品物の売買に限らず、お互いの持ちうる情報を交換し、社会的動向に機敏な対応をしていたと考えられよう。かたや、地域社会における役割も見逃せない。渡辺家は醤油と味噌を自家醸造しており、幕末期には塩問屋を営み、庶民金融ともいえる質屋商いも手掛けていた。「衣食住」のうち、「衣」と「食」に携わることは、当地の武士や町人、近隣地域の百姓たちが暮らす日常に欠かせない存在だった。

ここで紹介した内容は、いずれも難解なくずし字が我々に教えてくれた先人たちの様子である。冒頭の技術革新とも連動しながら、歴史資料に多くの人々が関心を持ち、さまざまな角度から研究が深められることを願ってやまない。

（『うしとら』第七〇号、二〇一六年九月掲載をもとに加筆修正）

コラム④　わたしのリサーチ術：さまざまな人と寝・食・動を共にする

日本学術振興会特別研究員PD（東北アジア研究センター）
井上　岳彦

「モンゴル」といえば

草原。モンゴル国から西へ西へと、ずっと行っても、草原は続く。これはハンガリーまで続いている。この中央ユーラシア草原地帯とコーカサス回廊のぶつかるところに、私の調査地カルムィク共和国がある。ここに住むカルムィク人は、国民としては、ロシアという連邦国家に属している。とはいえ、ロシア人でも、どこにあるのか知らないことも少なくない。知っていたとしても、南の方にある貧しい国という程度の認識がほとんどである。民族としては、カルムィク人はオイラト人という集団に属している。オイラト人は中国やモンゴル国に多く住んでいるが、彼らは独自の国家や高度な自治をもたず、少数派であるロシアのカルムィク人のみが連邦構成主体としての共和国をもつ。しかし、ロシア南部に散らばる、こうした小さな共和国を解体・統合し、行政的にも経済的にも「効率化」を進めようとする動きは以前からあり、カルムィク共和国がいつ消滅してもおかしくない状況である。また、カルムィク人は、チベット仏教を信仰しているが、ブリヤート人やトゥ

図コラム④-a：草原とクルマ

ヴァ人といったロシアのそのほかの仏教徒と比べると、仏教界におけるプレゼンスはずっと分かりにくい。

そのため、カルムィク人は、国家、民族、宗教といった枠組みにおいて「周縁」的存在として捉えられがちだった。こうしたあまり語られない人々の歴史を再現することは、はたして可能なのか。

寝・食・動を共に

ロシア帝国、ソ連、ロシア連邦、どの時代においても、その「公式の歴史」は、非常に強力であり続けてきた。ロシアの公定史観から閑却されてきた社会に接近するには、どうすればよいか。私なりに考えついたのが、多角的視点からの歴史叙述である。そこで、未公刊の一次史料にこだわること、できるかぎり、さまざまな史料群から文書を探し出すこと、これらふたつを心掛けた。必要なことは、多くの地方の文書館を回ることだった。

ロシアの地方を回るのに最も有効な交通手段は、バス

図コラム④-b：現代の牧夫

である。ソ連時代には、小さな都市間にも航空網が整備されていたが、今はバスがその代わりを担う。バスのなかは面白い。どの人も、政治や社会に対して一家言をもっているものだ。もっとも盛り上がるのは、民族間関係の議論である。何時間も乗車するあいだに、ある民族の歴史について「講義」を受けることもある。

調査地での宿泊は、寮と決めている。寮には入れ代わり立ち代わり、さまざまな地域から、さまざまな背景をもつ人々がやってくる。彼らと寝食を共にしていると、ロシアの時事問題を日々追っていても見えてこない世界の存在に気づかされる。何年も経ってから、たわいもないおしゃべりの意味を理解することもある。

イギリスの歴史家E・H・カーは、著書『歴史とは何か』（一九六一年）のなかで、「歴史とは現在と過去との絶え間ない対話である」という有名なことばを残した。つまり、歴史とは、歴史家が研究する時代の思想を歴史家の心のうちに再現することであるが、けっきょく現在の眼を通してしか、過去を理解することはできない。ロシアの公定史観の背景にある思想をさぐり、その「公式の歴史」を読み解く。「公式の歴史」と、そこで語られない社会の歴史の関係性を剔出する。このとき、寝食や移動のなかで獲得した多様な視角というものが、大いに理解を助けてきた。

調査習慣の内面化

長い研究生活のうちに、いつからか、こうした私なりの調査生活の習慣は内面化し、日本においても似たような行動を取ってしまうようになった。何か用事があって、どこか他所に行くと、まず銭湯を探してしまう。湯船に浸かりながら、隣のおじさんと世間話をしたり、地元の人の会話に耳をすましたりしてしまう。風呂から上がると、今度は、その近くの赤ちょうちんに吸い寄せられてしまう。暖簾をくぐり、大将やカウンターの客と、あれやこれやとおしゃべりしながら、盃を傾ける。すると、その土地のことがよく分かり、そこに生きる人々の世界の一端を垣間見ることできる。カルムィキア調査の習慣は、生活と研究の場としての日本の多様性をも気づかせるのである。

（『うしとら』第七一号、二〇一六年一二月掲載）

あとがき

東北アジア研究センター第八代センター長
高倉　浩樹

本書「東北アジアの自然と文化　2」が刊行されることになった経緯について少し述べておきたい。東北アジア研究センターは東北大学における研究所型組織であることもあり、様々な形で研究成果の社会発信に努めている。ホームページやフェイスブックなどのSNS、年に四回刊行するニューズレターがある。また本センターと市民の交流を行うため「東北アジア学術交流懇話会」という組織もあるが、そこでもニューズレターを刊行していた(二〇二〇年度からホームページでの情報発信に一元化した)。こうした発信媒体のなかで紹介されるものの多くは、シンポジウムや研究会の内容紹介や、刊行された論文や図書の紹介などいわゆる速報的な記事である。

その一方で、研究の合間に着想を得たコラム記事や現地調査でのエピソードなどがある。この後者が、存外面白いのである。というのも、論文になる前の段階の着想や、論文からはこぼれ落ちてしまう観察が含まれているからである。それは、東北アジア研究センターの研究者が調査研究の過程で感じている思考のある種の部分がにじみ出たものであるといってもいいだろう。ニューズレターなどに掲載された記事であるがゆえに、時間がたてば入手しにくくなる。それではもったいないということで、短い評論やフィールド報告などを一堂にまとめて、そこから適切なモノを選び、読みやすい形に整えたのが本書ということになる。すでに同様の取り組みは前著『東北アジアの自然と文化』(東北大学出版会)で行っていたので、その継続でもある。

この本は、東北アジア地域に関心のある方が気軽に読める内容となることを目指した。ローマ数字で区切られた「部」は「自然と環境」「社会・経済・政治」「歴史・言語・文化」「史料調査」と四つある。東北アジア研究センターの調査研究活動はこの分類よりもさらに幅広く展開しているが、本書はロシアや東アジアに係わる情報を中心に編んでいる。

自然についての記述も単に自然科学的な記述ではなく、人間の歴史や社会との関わりが踏まえられているのが特徴である。日本列島とユーラシア大陸という地理概念は我々のなかで揺るぎない常識となっているが、プレートテクトニクスの視点からはこの状態も一つの歴史的過程にすぎないということがわかってくる。超長期的な視点で東北アジアの大地を理解する必要がある。また北朝鮮国境に近い中国の生態系が東北地方と類似しているだけでなく、里山利用がみられるなど、人―自然関係でも興味深い比較が可能という示唆は、文系研究者にとっても興味深い。

一方、その環境をめぐって日本を含む東アジアの環境政策が相互に関連している様相についても紹介されている。越境大気汚染の問題は、モンゴルという石炭資源供給国との関係抜きに理解できないし、解決もみえてこないのである。資源ポリティクスは、中露・日露関係のなかでも重要な要素であるが、このロシアの政治体制についての記述は少々恐ろしい側面ももっている。モンゴル・シベリア・中国の歴史や文化についての記述は充実している。モンゴル社会は、モンゴル字、キリル字、漢字など複雑な文字を取り込みながら歴史を歩んできた。そして二〇世紀初頭に人々によって何が選択されたのか、文字の歴史が簡潔に紹介されている。またロシアに仏教徒が存在し、彼らが独自のかたちで国際交流を行っていることなどは日本ではほとんど知られていない。一方で、日本社会に身近にいる中国人がどのように日本と係わろうとしているのかの一端についてもわかりやすく紹介されている。

一九九六年に東北アジア研究センターが発足した背景には、いわゆる東西冷戦構造が崩壊し、従来無かった地域交流が生まれ、その現象を地域研究として捉えるという目的があった。それは歴史学者にとって従来国家が閲覧を許さなかった歴史資料が解放され、新しい歴史的事実へアクセスが可能となったことを意味していた。最近の米中対立が新冷戦ともいわれるように、近年歴史文書をめぐる状況は複雑化している。とはいえ、ロシアや中国・台湾での史料調査のあり方をめぐる内幕は面白い。それは史料調査の実態だけではなく、国家が文書をどう扱おうとしているのかを示すという点で、現代政治に係わる情報だからである。我が国の政府がどのように行政文書を認識し、扱っているのかと比較する研究があったら面白いかもしれない。

東北アジア研究センターには寄附部門である「上廣歴史資料学研究部門」がすでに一〇年近く設置されており、その成果はセンターが発信する独自の日本研究を形作っている。部門の歴史学者達は農村の旧家に伝来されてきた在地の古文書の所在を同定し、デジタル化し、保全するという活動を行っているが、その一端から広がる社会と研究の繋がりも紹介されている。これは先にのべたロシアや中国・モンゴルの状況と比べると極めて日本的な状況である。彼の地では文書は基本的に国家による文書館に一元的に収集され管理されているからである。文書をどう保管してきたのかという事実自体が、日本を含めた東北アジアの歴史認識を比較考察する上での重要な素材となるのである。

本書は、それぞれの章ごとに内容が独立しているので、バラバラに読んでもいいし、ローマ数字で区切られた部ごとにまとめて読んでもいいと思う。一つひとつの内容が充実した読み物になっている。

その一方で、東北アジア研究入門に係わる副読本という使い方もできるだろうと考えている。東北アジアあるいは北東アジアといってもかまわないが、この地域を理解する上で、知るべき知識の魅力的な断片に満ちているからである。本書の二つの章で取り上げている馬乳酒の記述からは、東北アジアの食文化や遊牧とりわけ人と自然の相互作用が見えてくる。ロシアのチベット仏教徒の記述からはこの地域の宗教が国家との関係のなかで展開した複雑な歴史あり方が見えてくる。本書の企画に関わった一人としては、それらの素材を使いながら、東北アジアの自然・歴史・文化・社会・政治について講義することが可能だろうと考えている。本書をつかって、日本に身近な地域でありながら、現代政治や国家間関係だけの文脈で報道されがちな東北アジアの自然・歴史・民族の理解を深めて欲しいというのが私の希望でもある。ロシア・中国は巨大な隣国であり、日本政府との関係は難しい側面も多々ある。しかしそこに暮らす人々がどのような歴史をもち、どのように暮らし、どのような自然と接しているのかという情報は、現在の日本語の情報としては決定的に不足していると思う。本書がその点で日本の隣国理解に資するものになれば良いと考えている。

最後になるが、本書の編者である佐野勝宏先生と後藤章夫先生のお二人に感謝申し上げたい。本書の企画は、筆者が東北アジア研究センター長時代に考えたものであり、お二人の先生に編者をお願いした。このような充実した書籍ができたことが大変うれしく、お二人の労に感謝していることをここに記しておきたい。

執筆者紹介（五〇音順）

本読本の執筆者を以下にアイウエオ順で掲げる。センターニューズレターの掲載時の所属と現在の所属が異なる場合には、最初に掲載時の所属を記し、その次に現在の所属を記した。所属が同一の場合でも、部署や職位が異なる場合には、同様の形式に倣って記載した。

明日香壽川　東北アジア研究センター助教授・教授／同教授
荒武賢一朗　東北アジア研究センター准教授／同教授
石渡　明　元東北アジア研究センター教授／環境省原子力規制委員会委員
磯部　彰　東北アジア研究センター教授／東北大学名誉教授
井上　岳彦　東北アジア研究センター日本学術振興会特別研究員PD／北海道大学スラブ・ユーラシア研究センター共同研究員
上野　稔弘　東北アジア研究センター助教授・准教授／同准教授
岡　洋樹　東北アジア研究センター助教授・教授／同教授（第七代センター長）
金　賢貞　東北アジア研究センター助教／亜細亜大学国際関係学部准教授
屈原　明昌　宮城学院女子大学講師
栗林　均　東北アジア研究センター教授／東北大学名誉教授

佐藤　源之　東北アジア研究センター教授（第六代センター長）
瀬川　昌久　東北アジア研究センター教授（第五代センター長）
高倉　浩樹　東北アジア研究センター教授（第八代センター長）
ダライブヤン・ビャムバジャヴ　東北アジア研究センター日本学術振興会外国人特別研究員／
モンゴル政策革新研究所・理事
千葉　聡　東北アジア研究センター教授（現センター長）
寺山　恭輔　東北アジア研究センター助教授・教授／同教授
平野　直人　東北アジア研究センター准教授
藤方　博之　東北アジア研究センター助教／同専門研究員
文　慶喆　東北文化学園大学総合政策学部准教授／東北文化学園大学経営法学部教授
山崎　大志　東北アジア研究センター学術研究員／高知大学日本学術振興会特別研究員ＰＤ
山田　勝芳　東北大学名誉教授（第三代センター長）
ライハンスレン・アルタンザヤー　モンゴル国立教育大学教授

東北アジア学術読本

1 『シベリアとアフリカの遊牧民－極北と砂漠で家畜とともに暮らす－』
(高倉浩樹、曽我亨)、二〇一一年

2 『東北アジア　大地のつながり』
(石渡明、磯﨑行雄)、二〇一一年

3 『途絶する交通、孤立する地域』
(奥村誠、藤原潤子、植田今日子、神谷大介)、二〇一三年

4 『食と儀礼をめぐる地球の旅－先住民文化からみたシベリアとアメリカ－』
(高倉浩樹、山口未花子)二〇一四年

5 『世界遺産を学ぶ－日本の文化遺産から－』
(入間田宣夫、仲野義文、荒武賢一朗)二〇一五年

6 『地中レーダーを応用した遺跡探査－ＧＰＲの原理と利用－』
(佐藤源之、金田明大、高橋一徳)二〇一六年

7 『東北アジアの自然と文化』
(東北アジア研究センター)、二〇一八年

8 『古文書がつなぐ人と地域－これからの歴史資料保全活動－』
(荒武賢一朗、高橋陽一)、二〇一九年

東北アジアの自然と文化 2
Tohokuajia no shizen to bunka 2
[Nature and Culture in the Northeast Asia 2]
（東北アジア学術読本　9）

2023年1月20日　初版第1刷発行

編　者　東北大学東北アジア研究センター
発行者　関内 隆
発行所　東北大学出版会
〒980-8577　仙台市青葉区片平2-1-1
TEL：022-214-2777　FAX：022-214-2778
https://www.tups.jp　E-mail：info@tups.jp
印　刷　社会福祉法人　共生福祉会
萩の郷福祉工場
〒982-0804　仙台市太白区鈎取御堂平38
TEL：022-244-0117　FAX：022-244-7104

ISBN978-4-86163-373-7　C3300
定価はカバーに表示してあります。
乱丁、落丁はおとりかえします。

東北アジア学術読本について

シベリア・モンゴル・中国・朝鮮半島そして日本を総合的に捉える地域概念である「東北アジア」は、歴史的にもまた現在的にも我が国の重要な近接空間である。本シリーズは、この地域の自然・歴史・文化・社会に関わる基盤的知見や、人文社会科学・理学工学の多面的な視点から切り開いてきたアクチュアルな諸問題にかかわる研究成果を、専門家はもとより、より多くの方々に広く知ってもらうことを目的に創刊された新たな試みである。